Arznei für die Seele

Umschlagvorderseite:
Gallus unterweist den Diakon Johannes in seiner Zelle in der Heiligen Schrift und christlichen Wissenschaft. Grisaillemalerei im Barocksaal der Stiftsbibliothek, bei Regal EE.

Arznei für die Seele
Mit der Stiftsbibliothek St. Gallen durch die Jahrhunderte

Sommerausstellung
14. März bis 12. November 2017

Herausgegeben von Cornel Dora

Verlag am Klosterhof, St. Gallen 2017

Gestaltung und Satz
TGG Hafen Senn Stieger, St. Gallen

Druck und Ausrüstung
Cavelti AG, Gossau

Bestelladressen
Stiftsbibliothek St. Gallen
Postfach
9004 St. Gallen/Schweiz
stibi@stibi.ch
www.stiftsbibliothek.ch

Schwabe Verlag
Auslieferung
Farnsburgerstrasse 8
4132 Muttenz/Schweiz
auslieferung@schwabe.ch
www.schwabe.ch

ISBN 978-3-905906-21-9

Vorwort

Die Stiftsbibliothek St. Gallen ist entstanden, nicht gegründet worden. Sie hat sich seit der Ankunft von Gallus an der Steinach im Jahr 612 nach und nach wie von selbst gebildet, schrittweise Form angenommen und sich schliesslich als feste Infrastruktur im Kloster etabliert. Zusammen mit der Biblioteca Capitolare di Verona, der Bibliothek des Katharinenklosters auf dem Sinai und der Bibliothek der Erzabtei St. Peter in Salzburg gehört sie zu den ältesten heute noch bestehenden Bibliotheken der Welt.

Zur Ausstellung *Arznei für die Seele – Mit der Stiftsbibliothek St. Gallen durch die Jahrhunderte* präsentiert diese Schrift Denkwürdiges aus der langen Geschichte unserer Einrichtung. Der Titel knüpft an die Überschrift *Seelenapotheke* über dem Eingangsportal zum Barocksaal an.

Mit dem Aufbau von Bibliotheken in den frühmittelalterlichen Klöstern regte sich nach dem Niedergang der Antike das religiöse, kulturelle und wissenschaftliche Leben neu. Bereits bei Gallus, der als irischer Missionar und gebildeter Eremit die Siedlung hier begründete, spielten Bücher eine Rolle. Entlang der Vor- und Frühgeschichte des Klosters gab es immer Bücher, insbesondere für die Feier der Gottesdienste und das persönliche Studium der Brüder.

Mit dem Skriptorium, das seit der Mitte des 8. Jahrhunderts nachgewiesen werden kann, begann die bewusste Vergrösserung der Sammlung durch die Mönchsgemeinschaft. Die enge Beziehung zwischen Schreibstube und Bibliothek ist auch auf dem St. Galler Klosterplan um 820 bezeugt. Die Handschriftensammlung wurde in der Folge zur Grundlage für die Arbeit von aussergewöhnlichen Künstlern und Gelehrten, von Notker Balbulus, der auch Bibliothekar war, bis zu Ekkehart IV., ihrem wohl intensivsten Benutzer. Im Hartmutturm trotzte sie vom 10. bis zum 16. Jahrhundert allen Gefahren und mehreren Kloster- und Stadtbränden. Mit Glück überstand sie auch die Wirren der Reformationszeit.

1553 wurde im Westflügel des Klosters ein eigenes Bibliotheksgebäude errichtet, das 1767, also vor 250 Jahren, durch den heutigen Bau mit dem Barocksaal ersetzt wurde. Er gilt als einer der schönsten Bibliotheksräume weltweit. Wie durch ein Wunder gelang es den letzten Klosterbibliothekaren zur Zeit der Aufhebung der Fürstabtei 1797 bis 1805, den Bestand unbeschadet zu erhalten. Gottseidank!

Seither steht die Bibliothek im Eigentum des Katholischen Konfessionsteils des Kantons St. Gallen, der sie als wissenschaftliche Institution von Weltruf weiterführt und entwickelt. Als Herzstück des Weltkulturerbes Stiftsbezirk St. Gallen ist sie heute die wichtigste historische Sehenswürdigkeit der Ostschweiz.

Für die ausgezeichnete Zusammenarbeit bei der Vorbereitung und Umsetzung der Ausstellung danke ich dem ganzen Team, insbesondere Karl Schmuki und Philipp Lenz, die für den Inhalt mitverantwortlich zeichneten. Ein besonderer Dank geht an Uwe Jochum für die vertiefende Einleitung.

Zu danken habe ich auch unseren Behörden, namentlich der Stiftsbibliothekskommission, dem Katholischen Administrationsrat und den Katholiken des Kantons St. Gallen, die unseren Betrieb tragen und begleiten.

Diese Schrift ist Karl Schmuki gewidmet, der die Ausstellungen und die wissenschaftliche Arbeit in der Stiftsbibliothek seit dreissig Jahren mit feinem Sachverstand und Sinn für die Vermittlung geprägt hat. Gratias!

Cornel Dora, Stiftsbibliothekar

Heilstätten der Seele
Zur Geschichte der Bibliotheken

Uwe Jochum

Dass die Bibliotheken in vielen Ländern vor den Theatern, Museen und Opernhäusern die am stärksten frequentierten Kultureinrichtungen sind, scheint so etwas wie ein wohlgehütetes Geheimnis der Bibliotheken zu sein.[1] Denn obwohl es sich so verhält, nimmt die Öffentlichkeit kaum je Notiz von den Bibliotheken und gibt sich mit derem schlichten Funktionieren zufrieden, einem Funktionieren, das dem Modus der Unauffälligkeit verpflichtet ist. So kommt es, dass wir über Neuerscheinungen, Neuinszenierungen und museale Happenings aller Art bestens informiert sind, nicht aber über das, was sich in den Bibliotheken wahrnehmen und entdecken liesse.

Zu dieser Situation trägt sicherlich bei, dass die Bibliotheken seit dem Aufkommen des Internets zunehmend als historisch kontingente Einrichtungen zur Vermittlung von «Information» oder «Wissen» betrachtet werden. Mit diesen beiden Wörtern meint man so etwas wie einen unkörperlich-immateriellen Inhalt («Content»), den man früher in die medial-körperlichen Formen von Handschriften und gedruckten Büchern gegossen hat, der nun aber im Internet «frei» – und das heisst eben auch «frei» von den störenden Materialitäten der Bücher – zugänglich sei. Auf Einrichtungen vom Typ «Bibliothek» könne man füglich verzichten. Was einst «Bibliothek» war, müsse sich daher, so das Credo, zu einem Zugangsportal für digitalen «Content» wandeln, falls man diese Funktion nicht gleich den in den Vereinigten Staaten beheimateten Global Playern vom Typ Google überlassen will. Übrig blieben unter dem Namen «Bibliothek» dann nur noch die Depots für die besonders teuren Unikate oder einen «Altbestand», den man lediglich aus Pietät nicht sogleich dem Feuer überantwortet. Aber auch diese Depots wird man zunehmend unter rein funktionalem Blickwinkel betrachten, das heisst, man wird sie aus den schönen Gebäuden des Barock oder der Gründerzeit vertreiben und ihnen einen kosteneffizienten Platz irgendwo unter der Erde anweisen, wo sie niemanden stören.

Was in den Ohren vieler wie die Fortsetzung der Bibliothek mit anderen, nämlich digitalen Mitteln klingt, ist freilich bei näherem Hinsehen keine zukunftsorientierte Transformation dieser altehrwürdigen Einrichtung, sondern ihre Abschaffung. Dass man das nicht (mehr) sieht, verdankt sich nicht zuletzt einer historischen Unkenntnis, die das, was jetzt ist oder in Zukunft sein soll, umstandslos in die Vergangenheit zurückprojiziert und allen Ernstes glaubt, man habe schon in den antiken Bibliotheken nach verwertbaren «Informationen» gesucht – nur eben in einem hoffnungslos veralteten analogen Kontext. Machen wir uns daher auf eine kleine Spurensuche, die uns, indem sie uns mit der Geschichte

Abbildung S. 8/9

Gallus unterweist den Diakon Johannes in der Heiligen Schrift und christlichen Wissenschaft. In der durch Büchergestelle angedeuteten Bibliothek in der Galluszelle besprechen die beiden eine Textstelle in einem Buch. Gallus ist in wallendem Gewand und mit der charakteristischen Cambutta, dem gekrümmten Wanderstock des Kolumban, dargestellt, Johannes als Weltpriester mit der zur Zeit der Entstehung der Malerei im 18. Jahrhundert üblichen Biffa (Kragen).

Grisaillemalerei im Barocksaal der Stiftsbibliothek, bei Regal EE

der Bibliotheken in Kontakt bringt, nicht nur aufklären wird, sondern auch die Kraft erkennbar macht, die seit 5000 Jahren die Gestalt der Bibliotheken prägt.

1. Die bürokratisch-kosmologischen Anfänge der Bibliotheken

Der entscheidende historische Einschnitt, der zur Entstehung von Bibliotheken geführt hat, war die auf die Sesshaftwerdung des Menschen (ab 13'000 v. Chr.) folgende Entwicklung von territorialen Herrschaftsformen im Zweistromland und in Ägypten, die um Siedlungszentren gravitierten, aus denen in der Mitte des vierten Jahrtausends vor Christus die ersten Städte hervorgingen. Diese komplexen Herrschaftsgebilde benötigten zur Grenzziehung nach aussen Heere und zur Durchsetzung des Herrschaftswillens nach innen eine Bürokratie, die im Rahmen der redistributiven Staatswirtschaft die vorhandenen Waren und ihren Strom vom Produzenten zum Verbraucher verzeichnete. Das ist der Kontext, in dem es am Ende des vierten Jahrtausends vor Christus im Zweistromland und in Ägypten zur Entwicklung einer Schrift kam, mit deren Hilfe die Bürokratie den Warenstrom kontrollieren konnte, indem man Inventare des Vorhandenen anlegte, Steuerbelege erstellte, Lohnquittungen und Rechnungen ausstellte und auf der Basis dieses Instrumentariums auch planerisch tätig wurde. Als man am Anfang des dritten Jahrtausends vor Christus die Schrift so weit verfeinert hatte, dass man nicht nur reale Gegenstände, sondern auch abstrakte Sachverhalte und schliesslich auch die Sprachlaute festhalten konnte, war die Schrift bereit, mehr als nur den Warenverkehr zu notieren: Nunmehr konnte man alles verschriftlichen, was sich sprechend mitteilen liess, und das waren jenseits der Wirtschaftstexte nicht nur die Erlasse der Herrscher oder die kalendarischen Berechnungen von Sternkonstellationen, sondern auch die in den damaligen Gesellschaften umlaufenden Mythen oder die kultisch massgeblichen Gebete.

Das Volumen des im Kontext der Staatsverwaltung Geschriebenen war enorm – alleine aus der Ur-III-Periode (2100–2000 v. Chr.) sind mehr als 40'000 Verwaltungstexte und Rechtsdokumente publiziert, und Zehntausende solcher Dokumente warten noch auf ihre Veröffentlichung – und nötigte schliesslich dazu, die Ablage des Geschriebenen so zu organisieren, dass man es einerseits dauerhaft aufbewahren und andererseits leicht wiederfinden konnte. Diese Aufgabe übernahmen Institutionen, in denen die Funktionen eines Archivs und einer Bibliothek ineinanderflossen: Archivgut (Dokumente staatlichen Handelns, Verträge, Rechtssammlungen, Steuerbelege usw.) und Bibliotheksgut (Texte des «Traditionsstroms», die der Selbstverständigung der Gesellschaft dienten, also Mythen und Kulttexte aller Art) wurden gemeinsam aufbewahrt und im Hinblick auf Herkunft und Sachbezug geordnet; und das auf diese Weise Geordnete wurde selbst wiederum schriftlich in Listen erfasst, aus denen sich schon im zweiten Jahrtausend vor Christus Bestandskataloge mit Angabe des Verfassers, des Titels eines Werkes und seines Standorts entwickelten.

Fragt man sich nun, warum man es nicht für nötig hielt, Archiv- und Bibliotheksgut zu trennen, lautet die Antwort: Weil Herrschaft als eine von den Göttern ermöglichte und getragene Herrschaft verstanden wurde und den Herrschern die Aufgabe zukam, die von den Göttern gestiftete Ordnung des Kosmos intakt zu halten. Die bürokratische Verwaltung und die dabei anfallenden Texte waren daher integrales Element einer sich als kosmologische Ordnungsmacht verstehenden Herrschaft, in deren Horizont die Liste mit den vorhandenen trächtigen Kühen ebenso wichtig war wie die Zusammenstellung von Omina (Vorzeichen) oder das Gilgamesch-Epos. Und das erklärt auch, warum diese Bibliotheken/Archive natürlich nicht allgemein zugänglich waren: Sie dienten der bürokratischen Elite, die alleine lesen und schreiben konnte, als, wenn man so will, kosmologisches Ordnungsinstrument, das zuletzt die kosmologische Funktion des Herrschers zu bestätigen und zu stabilisieren hatte.

2. Imperiale Bibliotheken

Im ersten Jahrtausend vor Christus begannen die kosmologischen Reiche zu expandieren und immer weitere Territorien und Völker zu integrieren, eine historische Bewegung, die mit dem Siegeszug Alexanders des Grossen (356–323 v. Chr.) zunächst abgeschlossen war, bis sie von den Römern weitergeführt wurde, als diese die ehemalige Westhälfte des Alexanderreichs in ihr Imperium eingliederten. Dabei löste sich der geschlossene Horizont der kosmologischen Reiche auf, und an seine Stelle trat die Wahrnehmung einer von unterschiedlichen Menschen und Völkern bewohnten Welt, die eine «Ökumene» bildete, in der vielerlei Götter verehrt wurden. Dadurch aber dissoziierte sich der eine Kosmos in einen weltlichen Herrschaftsbereich, in dem die entstehenden Imperien Ordnung schufen, und in einen transzendenten Herrschaftsbereich, in dem die Götter lange Zeit miteinander stritten, bis sich allmählich das Bewusstsein des Einen Gottes Bahn brach.

Das schuf die Voraussetzungen dafür, dass sich nun auch die archivalische von der bibliothekarischen Funktion trennen konnte, so dass Archive für die Aufbewahrung staatlicher Verwaltungsdokumente und Bibliotheken für die Aufbewahrung der Texte des «Traditionsstroms» entstanden. Die Bibliothek des assyrischen Herrschers Assurbanipal (668–627 v. Chr.) bildet hier einen Übergang, weil sie zwar immer noch Verwaltungstexte enthält, diese aber in einen völlig neuen Kontext stellt: Es ging Assurbanipal nicht mehr darum, die Bibliothek auf unmittelbar staatliches Handeln auszurichten, sondern die Texte «zum Gedächtnis» zusammenzutragen und aufzubewahren und sie damit einer betrachtenden Schau zugänglich zu machen. Die Makedonen und Griechen, die das Alexanderreich beerbten, verstärkten diesen Gebrauch von Schrift «zum Gedächtnis» schon deshalb, weil sie als Griechen keine bürokratisch-kosmologische, sondern eine demokratische Herrschaftsform gewohnt waren, in der Schrift nicht das Instrument des bürokratischen Zugriffs auf die Bürger war, sondern der Notation der kulturell bedeutsamen Texte diente, allen voran der Epen Homers.

Als daher Ptolemaios, einer der Generäle Alexanders, der aus der Erbmasse des Alexanderreichs Ägypten erhalten und den Herrschertitel Ptolemaios I. Soter angenommen hatte, um das Jahr 300 vor Christus in Alexandria eine Forschungseinrichtung gründete, die das weite Feld der Ökumene erkunden sollte – von den astronomischen Phänomenen am Firmament bis hin zu den bedeutendsten Schriften der Griechen und Nichtgriechen –, da nahm auch die Bibliothek, die zu dieser Forschungseinrichtung gehörte, rasch einen ökumenischen Umfang an: Schon unter Ptolemaios I. soll sie über 200'000 Papyrusrollen verfügt haben, und bis zur Zeit Caesars wuchs sie auf 700'000 Papyrusrollen an. So beeindruckend solche Quantitäten sind, sie dürfen uns nicht den Blick auf das Eigentliche verstellen. Es lag darin, dass das Zentrum der alexandrinischen Forschungseinrichtung ein Musenheiligtum (Museion) war, auf das die vielfältige Kultur der Ökumene nun orientiert und in dieser Orientierung integriert wurde. Bei dieser kulturellen Integration durch eine zentrale Einrichtung musste man nicht exklusiv verfahren, denn so wie der griechische Götterhimmel jederzeit flexibel erweiterbar war, so war es auch das Programm des Museions unter der Schirmherrschaft der Musen. An die Stelle eines kanonischen Abschlusses von Kultur und der Definition von Grenzen war damit der Modus einer kulturellen Ausweitung und Integration getreten, und der Umfang dieser Integration wurde sicht- und greifbar in der Bibliothek des Museions und ihrem Wachstum. Wie erfolgreich dieses Modell war, kann man nicht zuletzt daran ablesen, dass nach dem Vorbild der ptolemäischen Herrscher sich auch kleinere Potentaten und Privatiers Bibliotheken zulegten.

Als im dritten Jahrhundert vor Christus die Römer mit dem Ausbau ihres Imperiums begannen, lebten sie kulturell zunächst von dem, was sie aus dem Raum der hellenistischen Ökumene importierten, und dazu gehörten auch Bibliotheken, die man anfangs als Kriegsbeute und später auch durch Kauf nach Rom brachte. Aus diesen bescheidenen Anfängen scheint spätestens zur Zeit Ciceros (106–43 v. Chr.) so etwas wie eine Bibliotheksmode der Oberschicht entstanden zu sein, denn man schmückte nun die Stadthäuser und Landvillen mit Bibliotheken und bibliothekarischem Personal und war gerne auch freigebig, wenn es darum ging, Freunden oder Fremden den Zugang zur eigenen Bibliothek zu ermöglichen. Caesar (100–44 v. Chr.) fasste dann den Plan, in Rom eine öffentliche Bibliothek einzurichten, wobei er das Mass dafür an der Bibliothek des alexandrinischen Museions nahm und offenbar darauf setzte, die Vielfalt der Ökumene neu auf Rom zu orientieren. Diese Pläne zerschlugen sich nach seiner Ermordung, aber die römische Elite fuhr fort, ihren Status in den säulen- und statuengeschmückten eigenen Bibliotheken zur Schau zu stellen und den politischen Führungs- mit einem Bildungsanspruch zu verbinden. Die römischen Kaiser knüpften an diese Tradition an, indem sie von Tiberius (42 v. Chr.–37 n. Chr.) bis Alexander Severus (208–235 n. Chr.) in den von ihnen erbauten Tempeln, Foren und Thermen Bibliotheken einrichten liessen. Die lokalen Eliten im Reich, vor allem im Osten, taten es ihnen nach, so dass man sagen darf, die Romanisierung des Imperiums, die im Osten weiterhin eine Hellenisierung war, verdankt sich nicht nur den militärischen Erfolgen der Römer und der von den Zeitgenossen begrüssten *Pax romana*, sondern eben auch den in vielen Städten zu findenden Bibliotheken.

Als im dritten Jahrhundert nach Christus der Bestand des Imperiums zunehmend gefährdet war und das Reich im Jahre 395 schliesslich geteilt werden musste, waren das keine für die Bibliotheken förderlichen Zeitläufte mehr. Die Elite war nun angesichts drängender Probleme sichtlich mit anderem beschäftigt, und wo man Zeit für Musse fand, verbrachte man sie nicht mehr in einem Bibliothekssaal, um dort den Rezitationskünsten eines Dichters zu lauschen, sondern war fasziniert von Wasserorgeln oder Windharfen, die man in den Gärten der Villen installierte. Die Völkerwanderung und in ihrer Folge die Germanisierung der Westhälfte des Imperiums verschärfte den kulturellen Abbau, indem infolge der Kriege die Infrastruktur erodierte und in den schrumpfenden Städten auch die Bibliotheken verschwanden. Jedenfalls weiss der Historiker Ammianus Marcellinus (ca. 330–395) zu berichten, dass im Rom des Jahres 380 nach Christus keine (Privat-) Bibliotheken mehr existierten.

3. Christliche Bibliotheken

Dafür, dass der politische Zusammenbruch des Imperiums nicht zu einem kulturellen Abbruch führte, sorgte das Christentum. Es verfügte schon früh, etwa seit dem Jahr 200, über Schul- und Studienbibliotheken (die berühmteste stand in Caesarea); und es hatte, ausgehend von der monastischen Tradition Ägyptens, eine Klosterkultur hervorgebracht, die nun einen geschützten Raum auch für Bibliotheken bot, in denen man die schriftliche Überlieferung weiter pflegen konnte, freilich nicht mehr mit Homer oder Vergil als Zentrum, sondern der Heiligen Schrift. Dabei schloss an den von Ost nach West laufenden kulturellen Impuls, aus dem die Klöster Monte Cassino (529) oder Vivarium (555) hervorgingen, ein von West nach Ost laufender Impuls an: Aus Irland, das zu Beginn des

5. Jahrhunderts christianisiert worden war und eine eigenständige Klosterkultur hervorgebracht hatte, kam ab dem 6. Jahrhundert mit der iroschottischen Mission eine Manuskriptkultur auf den Kontinent, die sich nicht nur durch eine besondere Schrift (die insulare Majuskel) und Ornamentik, sondern auch durch die Einführung von Worttrennungen (bis dahin waren Texte endlose Ketten aneinandergehängter Buchstaben), Satzzeichen und textgliedernden Initialen auszeichnet. Nun war es möglich die innere Sinnstruktur eines Textes in seinem Layout sichtbar zu machen.

Welche kulturelle Prägekraft von dieser christlich transformierten und in die Klöster und ihre Bibliotheken überführten antiken Kultur ausging, mag man sich an drei Punkten vor Augen führen. Erstens verdankt sich noch unser modernes Schreiben und das Schriftbild unserer Bücher in vielem den Schreib- und Layoutinnovationen der irischen Mönche. Zweitens sorgte der geschützte Raum der Klöster dafür, dass in diesem Raum bis in die Neu- und sogar bis in die Jetztzeit hinein der Kanon der für das Abendland bedeutsamen Texte gesichert und weitergegeben werden konnte: Die Bibliothek des Katharinenklosters auf dem Sinai (gegründet um 550 n. Chr.) ist die wahrscheinlich älteste erhaltene und immer noch unterhaltene christliche Klosterbibliothek, und das im Jahre 612/719 gegründete St. Gallen steht dem nur wenig nach. Drittens endlich ist nicht zu unterschätzen, dass wir der klösterlichen Bibliothekskultur einen immer noch kontemplativen Zugang zum Lesen und Schreiben verdanken, der sich nicht zuletzt darin ausdrückt, dass wir leise lesen (die Antike las laut), konzentrierte Lektüre für den erwünschten Normalfall halten und davon überzeugt sind, dass sich uns in Büchern und Bibliotheken etwas Geistiges mitteilt, für das wir heute zwar keinen rechten Begriff mehr haben, das aber für die Mönche und die von ihnen geprägte abendländische Kultur bis zum Beginn der Neuzeit Gott – und Gott in seiner Schöpfung – war.

Auch wenn der Bestand der Klosterbibliotheken von heute aus betrachtet recht bescheiden war und eine Bibliothek mit 500 Bänden schon als wohlausgestattet gelten durfte – der im St. Galler Klosterplan eingezeichnete Bibliotheksraum hätte, wie man errechnet hat, für rund 600 Bände Platz geboten –, war damit doch ein institutioneller Grund gelegt, auf dem sich bauen liess. So sorgte zunächst die sich mit dem Namen Karls des Grossen (768–814) und seiner Nachfolger verbindende «karolingische Renaissance» dafür, dass die aus der Antike überlieferten Texte in ihrem authentischen Textbestand gesichert und verbessert und über die Aachener Hofschule in die Bibliotheken der Klöster gelangen konnte. Daran schlossen weitere «Renaissancen» an – die «ottonische Renaissance» des 10./11. Jahrhunderts, die «hochmittelalterliche Renaissance» des 12. Jahrhunderts –, in denen das Buch als Medium neuen Auftrieb und mancherlei Umgestaltung erfuhr und die Bibliotheken der Klöster und später der Domschulen weiterhin den institutionellen Kern der abendländischen Schriftkultur bildeten.

Das änderte sich erst mit dem Wachstum und dem neuen Gewicht der Städte, die ab dem 12. Jahrhundert gegründet wurden und mit den neu ins Leben gerufenen Universitäten eine Bildungseinrichtung erhielten, die in relativ kurzer Zeit den Klöstern den Rang ablief. «Bildung» wurde nun wieder zu einer Sache, die man eher in den Städten und ihren Universitäten als in den ländlichen Klöstern zu suchen hatte, und in dem städtischen Umfeld gewann diese Bildung auch einen neuen Akzent: Selbstverständlich war ihr Kern immer noch christlich grundiert, mit der Bibel als ihrem Textzentrum und der Theologie als ihrer vornehmsten Wissenschaft. Aber der Bedarf der Städte an geeignetem Verwaltungspersonal und Juristen zusammen mit einer Ökonomie, die zunehmend zur Schriftform fand (doppelte Buchführung), sorgte dafür, dass es um diesen christlichen Kern herum immer weltlicher zuging und immer mehr Menschen lesen und schreiben konnten, und sei es auch nur einen Vertrag oder eine Abrechnung. Diese Ausweitung von Bildung und Schriftlichkeit ist natürlich immer noch Sache von Spezialisten in Universitäten, Verwaltung und Wirtschaft, aber diese Spezialisten sind nun keine homogene monastisch geprägte Gruppe mehr, sondern Kleriker, Politiker, Universitätslehrer, die sich womöglich während des Studiums kennengelernt haben und ein Netzwerk bilden, über das sich allmählich so etwas wie eine nichtkirchliche Öffentlichkeit bilden kann. Man kann diese Transformation sehr leicht daran erkennen, dass sowohl in den Kloster- als auch den universitären Bibliotheken, in denen man die Bücher bislang in Schränken verwahrt hatte, nun plötzlich die Bücher auf Pulten ausgelegt oder in Regale gestellt und mit eisernen Ketten gesichert werden. Der Bibliothekskatalog der Sorbonne aus dem Jahr 1338 benennt den Zweck dieser neuen Buchaufstellung: Sie dient dem gemeinsamen Nutzen der Kollegiaten. Und zu ergänzen wäre: Ohne dass noch ein Abt, ein Universitätspräsident oder ein Papst auf die Lektüre Einfluss nehmen und Bücher in einem Schrank wegschliessen könnte.

4. Nützliche Bibliotheken

Dass Bücher und Bibliotheken jetzt nützlich sein sollten, verdankte sich aber nicht alleine dem Bedarf der Städte an Verwaltungspersonal, das Bücher als berufliches Handwerkszeug benötigte. Auch die Landesherren, die in Deutschland in der Folge der Reformation und der Religionskriege an politischem Gewicht gewonnen hatten, brauchten neben den Pfarrern, die die im jeweiligen Land vom Herrscher gewählte Konfession zu lehren hatten, auch verwaltungsgeeignete und juristisch versierte Beamte, die bei der Herrschaftsstabilisierung halfen. Und damit das alles im konfessionell-herrscherlichen Rahmen blieb, gründete man Landesuniversitäten (Marburg 1527), an denen man brauchbare Pfarrer und Beamte ausbilden lassen konnte. Nachdem die Einheit des Christentums im Abendland dahin war, interessierte eben kein religiös getragener Universalismus mehr, sondern die vielen praktischen Dinge draussen in einer Welt, die man zunehmend als eine ausbeutbare Ressource betrachtete, von der man immer mehr entdecken wollte: sei es als neuer Kontinent (Amerika 1492), sei es als Mikro- und Makrokosmos, denen man mit Mikroskop oder Fernrohr zu Leibe rückte. Über all das aufregend Neue informierte die interessierte Öffentlichkeit schliesslich der auf Johannes Gutenberg (1400–1468) zurückgehende Buchdruck.

Der Buchdruck war freilich nicht nur geeignet für das ganz Neue, sondern auch für das ganz Alte, für das man sich im Zuge der Renaissance immer mehr interessierte. Dabei gerieten auch die alten Handschriften in den Bibliotheken wieder in den Blick, und die Humanisten setzten alles daran, diesen Schatz der Überlieferung nicht nur zu heben, sondern aus der verwirrenden Vielfalt der Textüberlieferung mit ihren zahllosen Varianten und Abschreibefehlern ein verbessertes Textcorpus herzustellen, das sie im Druck europaweit verbreiteten und das in den Bibliotheken das Zeitalter der Handschriften beendete. Bibliotheken wurden auf diese Weise zu Arbeitsinstrumenten, in denen Naturwissenschaftler und humanistische Gelehrte das Material fanden, mit dessen Hilfe sich die Welt und ihre Geschichte in Texten erkunden liessen.

Interessiert an Bibliotheken waren in dieser Zeit viele, die über Macht, Einfluss und Geld verfügten, von Cosimo dem Älteren (1389–1464) über die Braunschweiger Herzöge des 16./17. Jahrhunderts und die pfälzischen Wittelsbacher bis hin zu Papst Gregor XV. (1554–1623). Mit ihnen konkurrierten anfangs die Städte, die ihr politisches Gewicht eben auch durch Ratsbibliotheken dokumentierten, aus denen sich die ersten öffentlich zugänglichen Bibliotheken entwickelten. Als aber die Städte im Dreissigjährigen Krieg ökonomisch und politisch geschwächt wurden, verlagerte sich das bibliothekarische Gewicht auf die von den Landesherren unterhaltenen Hofbibliotheken, in deren Architektur und Buchaufstellung der Landesherr sich selbst feierte, um in den Büchern all das zu finden, was der Repräsentation diente (die seltenen und teuren Bücher) und obendrein nützlich war, um Herrschaft und Wohlstand weiter zu mehren.

In der Zeit der Aufklärung stritt man dann darüber, ob der Nutzen der Bibliotheken in der direkten Beförderung staatlich-ökonomischer Wohlfahrt (das war die Auffassung des Philosophen Leibniz, 1646–1716) oder der Bereitstellung der geistigen Munition bestehen sollte, mit deren Hilfe die politischen Debatten bestritten werden konnten (das war die Auffassung des französischen Bibliothekars Naudé, 1600–1653). Und man stritt darüber, ob sich das mit einer kleinen, zweckmässig eingerichteten Bibliothek (Leibniz) oder nur mit einer möglichst grossen Universalbibliothek erreichen liess (Naudé). Hinter dem Rücken der Streitenden begann freilich der Bibliothekskatalog seinen Siegeszug. Das lag nicht nur daran, dass seit Gutenberg immer mehr gedruckt wurde und die Bibliotheken immer grösser geworden waren, so dass man neben dem Gedächtnis des Bibliothekars ein praktikables Nachweisinstrument brauchte, das über das in der Bibliothek Vorhandene aufklärte. Es lag auch daran, dass gerade der Aspekt des Nützlichen – gleichviel, wie man es verstand – dafür sorgte, dass man ebendieses in den Bibliotheken vorhandene Nützliche kontrollieren wollte. Und das geschah auf einfache, aber durchschlagende Weise durch Anlage von Bibliothekskatalogen, die verzeichneten, was auf den sich mit dem Buchdruck entwickelnden Titelblättern der Bücher stand: Verfasser, Buchtitel, Drucker, Verlagsort, Erscheinungsjahr. Damit liess sich jedes Buch in der Bibliothek identifizieren und dem ökonomischen Nutzen oder der politischen Debatte zuführen.

Immerhin, der Zug der Zeit stand fest: Man investierte in Bibliotheken, weil sie als herrschaftliches Repräsentationsinstrument ebenso geeignet waren wie als Instrument staatlicher Wohlfahrt und allmählich aufkeimender bürgerlicher Selbstbestimmung. So unterschiedliche Einrichtungen wie die Wiener Hofbibliothek oder die Göttinger Universitätsbibliothek brachten es daher gegen Ende des 18. Jahrhunderts auf einen Bestand von rund 200'000 Bänden. Das 19. Jahrhundert mit seinem Glauben an Vernunft, Wissenschaft und Fortschritt schloss an diese Entwicklung an, indem man die Förderung der Bibliotheken zu einer nationalen Aufgabe erhob, aus der die grossen Nationalbibliotheken in Paris, London und Washington hervorgingen, mit einem Bücherbestand, der die Millionengrenze überschritt. Solche Büchermengen erforderten einen neuen Zuschnitt der Bibliotheken: Die Gebäude mussten sich funktional differenzieren in Bereiche, die der Öffentlichkeit zugänglich (und weiterhin repräsentativ gestaltet) waren, und in Bereiche, in denen man die Bücher möglichst platzsparend lagern konnte (die Magazintrakte). Zum alphabetisch geordneten Verfasserkatalog kamen Sachkataloge (systematische Kataloge, Schlagwortkataloge), mit deren Hilfe man sich im Dschungel der Bücher orientieren konnte. Und endlich zog auch die Technik in die Bibliotheken ein (elektrisches Licht, Schreibmaschine, Druck der Katalogbände und -zettel) und mit ihr eine Normierung der Geschäftsgänge und Abläufe. Damit war das Nützlichc, das man in den Bibliotheken zunächst nur in Gestalt nützlicher Bücher gefunden hatte, zu einem zentralen Moment der Bibliotheksorganisation selbst geworden, die man um die Zeit des Ersten Weltkrieges mit statistischen Methoden zu durchleuchten und zu optimieren begann. Und weil es des Nützlichen nie genug geben kann, ging man alsbald dazu über, das in einer Bibliothek vorhandene nützliche Buch über die Fernleihe einer anderen Bibliothek, in der es fehlte, zugänglich zu machen. Das begann zunächst innerhalb der Staaten als nationale Fernleihe (Italien ab 1879), die 1937 zu einer internationalen Fernleihe erweitert wurde. Spätestens jetzt muss man von Bibliotheken sprechen, die Elemente eines organisatorischen Netzes sind, das sich der Post bedient, um Bücher weltweit zugänglich zu machen.

Das 20. Jahrhundert ändert an diesen bibliothekarischen Konstellationen im Prinzip nichts mehr, buchstabiert freilich zunächst den Aspekt der Nützlichkeit je nach politischem System anders aus, so dass die Bücher im Extrem als eine unnütze oder gar schädliche Ressource vernichtet werden können. Dafür findet die Frage der Bibliotheksnetze mit dem Aufkommen des Computers (seit den 1960er Jahren) und dem Siegeszug des Internets (seit den 1980er Jahren) eine neue Lösung, indem man die Netze von der postalischen auf die elektronisch-digitale Ebene hebt und plötzlich so etwas wie digitale Bibliotheken hat, die ihre Kataloge rasch zu universalen Buchsuchmaschinen ausbauen (Karlsruher Virtueller Katalog seit 1996; WorldCat seit 2003). Und als schliesslich die Bibliothekare in den 1990er Jahren auf ihre Buchbestände schauen, stellen sie fest, dass auch die Bücher sich digitalisieren lassen. Das hat man seither in immer neuen Anläufen und in Kooperation mit kommerziellen Anbietern – allen voran Google – getan, so dass die zeitgenössische Bibliothek sich gerne als ein Portal zum Internet präsentiert, in dem man nach eigenen und fremden Büchern recherchieren und immer mehr davon auch digital finden kann (e-codices und Europeana seit 2005, Elektronische Bibliothek Schweiz swissbib seit 2008). Was in der Neuzeit als Suche nach nützlichen Büchern und Aufbau nützlicher Bibliotheken begann, findet nun also sein Ziel in der digitalen Bibliothek als dem Optimum des Nützlichen.

5. Bibliotheken jenseits des Netzes

Dass sich in der digitalen Bibliothek nicht das Ziel der Bibliothek schlechthin erfüllt, sondern nur der Lauf der nützlichen Bibliothek an sein Ende kommt, ist leicht zu sehen: Geht man in der Historie nur ein wenig zurück, kommen Bibliotheken in den Blick, die weit davon entfernt sind, das Brauchbare und Nützliche bereitzustellen, die vielmehr einen Raum öffnen wollen für die Bildung einer Gemeinschaft oder die Kontemplation Gottes und seiner Schöpfung. Wichtig war dabei stets, dass der sich in den Bibliotheken öffnende Raum ein veritabler und kein virtueller Raum war, ein Raum mit einer Atmosphäre, in der Menschen ihresgleichen und Gott begegnen konnten, indem sie im Buch (gedruckt, als Handschrift, als Papyrusrolle, als Tontafel) ein Medium fanden, das ihnen bei dieser Begegnung half. Das macht das Buch bis heute auf unscheinbare Weise, indem es uns zum Hier-und-jetzt-Sein zwingt, weil der Text auf den Blättern nirgendwo anders als hier und jetzt in diesem Buch ist, ohne alle Ablenkung. Und die Bibliothek unterstützt das bis heute, indem sie um das ablenkungsarme Buch eine Mauer errichtet, die die lärmige Welt draussen lässt und signalisiert: Hier ist ein besonderer Ort, an dem wir lesend und das Gelesene diskutierend uns über uns und die Welt verständigen können – auch darüber, ob wir in einer Welt leben wollen, in der das Nützliche das letzte Wort beansprucht.

Das letzte Wort ist freilich ein ganz anderes Wort. Es findet sich im ägyptischen Theben im Mausoleum von Ramses II. (ca. 1303–1213 v. Chr.), einer komplexen Anlage, in deren Zentrum ein Raum das «Ka» enthielt, die Lebenskraft des verstorbenen Herrschers (repräsentiert in einer Statue). Der Eingang in diesen Raum war doppelt markiert: Zum einen war er durch Bücherregale gerahmt, auf denen die für den Tempeldienst benötigten Schriften lagerten: das war die Tempelbibliothek; und zum andern trug der Eingang eine Inschrift, die unsere griechischen Quellen als *PSYCHES IATREION* wiedergeben, als «Heilstätte der Seele».[2] Mit anderen Worten: Die Bibliothek ist der Ort einer Passage, die uns dorthin führt, wo unser Unsterbliches zu Hause ist.

Das barocke Bibliotheksportal der Stiftsbibliothek, geschaffen 1781 von Franz Anton Dirr, mit der griechischen Inschrift *PSYCHES IATREION* («Heilstätte der Seele») auf der Supraporte.

ΨΥΧΗΣ ΙΑΤΡΕΙΟΝ

1

Anfang der Bibliothek

Cornel Dora

Die ältesten heute noch aktiven Bibliotheken der Welt sind durchwegs kirchlicher Natur. Ihre Entstehung hängt jeweils mit der Bildung religiöser Strukturen am entsprechenden Ort zusammen. Das gilt für die älteste Bibliothek der Welt, die Biblioteca Capitolare di Verona, die vielleicht schon um 350, spätestens aber um 500 im Umfeld der gleichnamigen Bischofssitzes entstand, für die Bibliothek des Katharinenklosters auf dem Sinai, das um 550 aufgebaut wurde, für die Bibliothek der Erzabtei St. Peter in Salzburg, die auf den heiligen Rupert und seine Klostergründung um 696 zurückgeführt wird, und schliesslich auch für die Stiftsbibliothek St. Gallen.[3] Ihr Anfang kann auf die Ankunft von Gallus 612 und die Entstehung einer kleinen Gemeinschaft um ihn herum, auf deren Umwandlung in eine regulierte Klostergemeinschaft durch Otmar 719, oder auch auf irgendeinen Zeitpunkt dazwischen angesetzt werden.

Im Christentum spielte das Buch von Anfang an in verschiedener Hinsicht eine wichtige Rolle. Grundlage der religiösen Botschaft war das «Buch der Bücher», die Bibel, von griechisch *Biblia*, deutsch «Bücher». Aber das Buch war im kirchlichen Raum auch darüber hinaus zentral: In diesem Medium wurden liturgische Rituale ebenso festgehalten wie theologische Grundlagen (Kirchenvätertexte, Konzilsbeschlüsse, Mönchsregeln) oder auch Literatur, beispielsweise Heiligengeschichten. Mit Buch ist hier die Kodexform gemeint. Das Christentum bevorzugte nämlich von Anfang an das seit Ende des 1. Jahrhunderts aufgekommene gebundene Buch mit Blättern zwischen zwei Buchdeckeln gegenüber der Schriftrolle. Der Kodex eignete sich besser zum Nachschlagen einer Bibelstelle oder auch für den Transport im Gepäck.[4]

Wie schon in der Antike waren die Bibliotheken auch im christlichen Frühmittelalter mit der Wissenschaft verbunden. In den erzählenden Quellen verbindet sich die Gelehrsamkeit oft mit Lesen und Schreiben, Briefen und Texten. Das ist auch im Fall von Gallus der Fall. Schon im ältesten Gallusleben aus dem 7. Jahrhundert ist überliefert, dass er las und über die Bibel diskutierte. Und die etwas jüngeren «Biographen» Wetti und Walahfrid betonen seine Bildung in der christlichen Wissenschaft immer wieder. Ohne Bibliothek war das nicht möglich (vgl. S. 24–25).

Die Bibliothekskultur ist daneben selbstverständlich auch mit der Kultur des Schreibens verbunden. Ein Skriptorium ist schon für das 4. Jahrhundert im Martinskloster von Tours bezeugt. Das Abschreiben von Büchern gehörte in den Jahrhunderten danach zu den Haupttätigkeiten der Mönche Westeuropas. Die ersten Schritte verliefen dabei oft etwas unbeholfen. In St. Gallen ist das gut sichtbar in den ältesten erhaltenen Manuskripten, die hier geschaffen wurden. Sie sind mit dem Klosterdekan Winithar und dessen eigenwilliger Hand verbunden (vgl. S. 30–33).

Gallus, Johannes und der «Bücherschrank des Herzens»

Als Schüler Kolumbans war der St. Galler Gründerheilige Gallus nicht nur Asket, sondern auch gebildet. In seinen Lebensbeschreibungen aus dem 7. bis 9. Jahrhundert erscheint er wiederholt als Leser. Es werden mehrmals Briefe ausgetauscht, und wir lernen Gallus als meditierenden und wissenschaftlich interessierten Nutzer und Vermittler von Buchwissen kennen.[5]

Zwei wichtige Lektüreerlebnisse überliefert schon die früheste Fassung des Galluslebens, die sogenannte *Vita Vetustissima* (um 680). Beide Male wird auch die Wirkung des Lesens beschrieben. Für Gallus war die Lektüre eine zentrale Kulturtechnik, die Inhalte vermittelte und Grundlagen für seine Entscheidungen gab.

Die erste Episode lässt sich auf das Jahr 615 datieren. Gallus erhält aus Bobbio einen Bericht über das Sterben Kolumbans. Darin wird bestätigt, dass dieser die Exkommunikation gelöst habe, welche er bei der Trennung in Bregenz über seinen Schüler ausgesprochen hatte. Gefühle kommen hoch: «Als Gallus den Bericht gelesen hatte, weinte er bitterlich.»[6] Ein zweites Mal tritt Gallus als Leser auf, als ihm sechs irische Mönche aus Luxeuil die schriftliche Bitte des dortigen Konvents vortragen, die Nachfolge von Abt Eustasius anzutreten. Gallus liest das Anliegen und lehnt es mit deutlichen Worten ab.[7]

In den Fassungen des Galluslebens von Wetti (816/824) und Walahfrid Strabo (833/834) ist die Gelehrsamkeit von Gallus immer wieder Thema. Für die Frage nach dem Anfang der Bibliothek sind die Abschnitte zur Vorbereitung des Diakons Johannes auf das Bischofsamt von Konstanz in der Galluszelle (Kap. 20 und 23) besonders aufschlussreich. Zunächst verfasst Gallus einen Brief an Johannes, mit der Bitte, für den Unterricht zu ihm zu kommen: «Also folge meinem Rat, mein Sohn: Bleib bei mir und lies die Bücher der göttlichen Wissenschaft, und ich werde dich mit Gottes Gnade lehren, die Schriften zu verstehen.»[8]

Drei Jahre dauert der Unterricht in der Galluszelle. Als Lehrmethode dienen das Studium von Büchern und das Gespräch über deren Inhalte. Vor allem in der Schilderung Walahfrids tauchen Bibliotheksmetaphern auf. Bibel und christliche Literatur sind ein «Vorratskeller der Schriften» *(celleraria scripturarum)*, und Johannes vertraut das erlernte Wissen seinem «Bücherschrank des Herzens» *(armario cordis)* an.[9] Eine Unterrichtsszene der beiden mit der Bibliothek im Hintergrund ist im Barocksaal der Stiftsbibliothek dargestellt (Abb. S. 8/9). Aufgrund all dieser Berichte steht ausser Frage, dass Gallus über eine Büchersammlung verfügte.

Die ausgestellte Handschrift enthält die Lebensgeschichten der St. Galler Hausheiligen Gallus, Otmar und Wiborada in repräsentativer Machart. Sie wurde um 1075 geschrieben, nach einem Vermerk auf Seite 6 vom Mönch Herimannus.

Walahfrid Strabo, *Vita sancti Galli*, um 833/834. Linke Seite, Zeile 13: *armario cordis celer inseruit.*

St. Gallen, Stiftsbibliothek
Cod. Sang. 560, S. 102–103
Pergament, 546 Seiten
26 × 18.5 cm
Kloster St. Gallen, um 1075

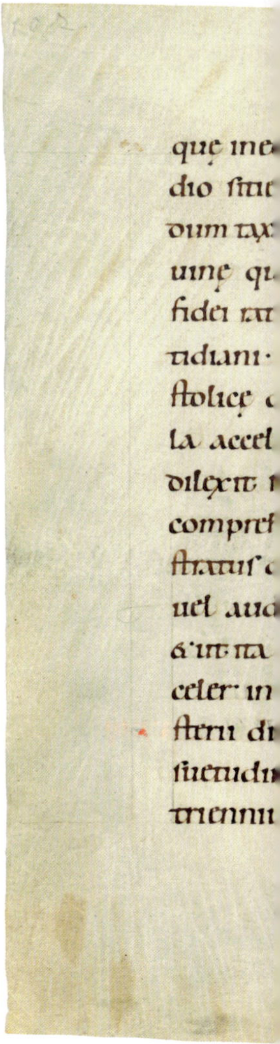

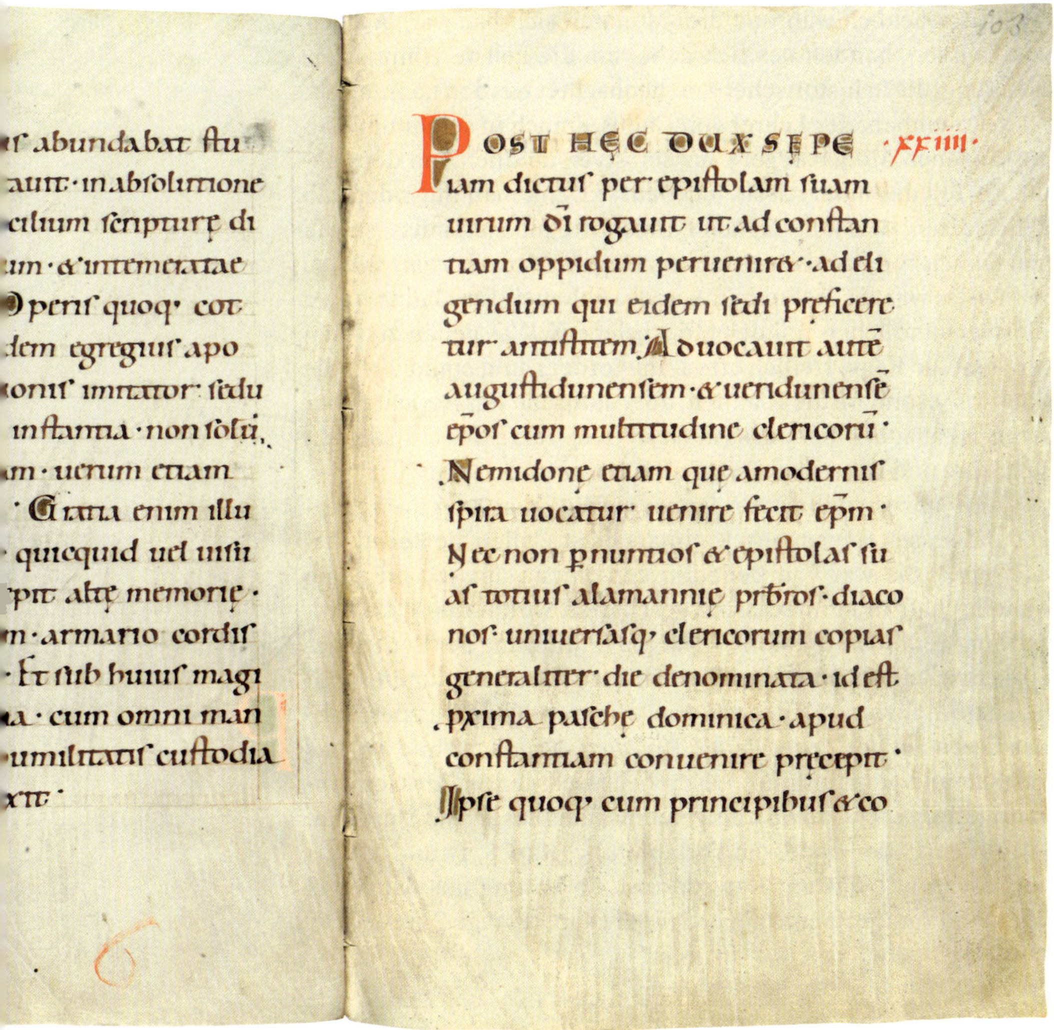
...s abundabat stu
...auit · in absolutione
...cilium scripture di
...um · et intemeratae
...peris quoq; cot
...dem egregius apo
...onis imitator sedu
... instantia · non solum
...m · uerum etiam
... Gratia enim illu
... quicquid uel insi
...pit alte memorie ·
...m · armario cordis
... Et sub huius magi
...a · cum omni man
...umilitatis custodia
...xit ·

103

POST HEC DUX SEPE ·xxiiii·
iam dictus per epistolam suam
uirum dei rogauit ut ad constan
tiam oppidum perueniret · ad eli
gendum qui eidem sedi preficere
tur antistitem. Aduocauit autem
augustidunensem · et ueridunensem
episcopos cum multitudine clericorum ·
Nemidone etiam que a modernis
spira uocatur uenire fecit episcopum ·
Nec non per nuntios et epistolas su
as totius alamannie presbiteros · diaco
nos · uniuersasq; clericorum copias
generaliter die denominata · id est
proxima pasche dominica · apud
constantiam conuenire precepit ·
Ipse quoq; cum principibus et co

6

Normen fürs Lesen: Kolumbansregel und Benediktsregel

Kolumban von Luxeuil, *Regula monachorum*, um 600.
Zeile 11: *Quia ideo cottidie edendum est, quia cottidie proficiendum est, sicut cotidie orandum cottidieque est legendum.*

St. Gallen, Stiftsbibliothek
Cod. Sang. 915, S. 158
Pergament, 353 Seiten
24 × 18 cm
Kloster St. Gallen, um 850

Die Pflege der Buchkultur in den europäischen Klöstern basiert wesentlich darauf, dass die wichtigsten Mönchsregeln dem Lesen einen hohen Stellenwert gaben. Das gilt in erster Linie für die Benediktsregel, aber auch für die Kolumbansregel. Beide wirkten in der Frühzeit der St. Galler Mönchsgemeinschaft normgebend und sind im ältesten St. Galler Kapiteloffiziumsbuch, Cod. Sang. 915, enthalten. Dieser Band wurde für die regelmässige Lesung vor dem ganzen Konvent erstellt und gehörte damit zu den zentralen Büchern des Klosters. Neben den wichtigen Mönchsregeln enthielt er ein Martyrologium mit Heiligenviten in Kürzestfassung, ein Obituarium mit den Todesdaten der verstorbenen Mönche sowie die *Annales Sangallenses maiores,* in die denkwürdige Ereignisse von Jahr zu Jahr eingetragen wurden.[10]

Eine der bekanntesten in den Annalen verzeichneten Begebenheiten ist die Beobachtung eines «neuen Sterns» im Jahr 1006. Es ist die einzige Aufzeichnung in Europa zur Supernova, die damals tatsächlich während drei Monaten sichtbar war. Wie wir heute wissen, handelte es sich dabei um die hellste Himmelserscheinung, die in historischer Zeit beobachtet werden konnte.[11]

Kolumban, der Lehrer von Gallus, sprach in seiner um 600 entstandenen Mönchsregel ganz selbstverständlich von der Lektüre als Teil des monastischen Lebens: «Denn man muss deshalb täglich essen, weil man täglich Fortschritte machen muss, so wie man täglich beten und lesen muss.» (*Regula Monachorum,* Kap. 3). Das Lesen war für Kolumban – und wohl auch für Gallus – also selbstverständlicher Teil des Mönchslebens. Was genau zu lesen war, lässt die Regel freilich offen. Im Vordergrund stand wohl die Bibel, insbesondere die Psalmen, aber aufgrund der Berichte über Gallus ist anzunehmen, dass auch weitere Texte der christlichen Heilslehre und Wissenschaft zum Repertoire gehörten.[12]

Im Jahr 747 führte Abt Otmar auf Veranlassung König Pippins und dessen Hausmeiers Karlmann in St. Gallen die Benediktsregel ein.[13] Sie war von Benedikt von Nursia um 529 für seine Gemeinschaft in Montecassino geschaffen worden. Für die Entwicklung der Klosterbibliothek war die Einführung der Benediktsregel entscheidend, denn in einer ganzen Reihe ihrer Kapitel wird die Lektüre in verschiedener Form vorgeschrieben: als persönliches Lesen auf der Zelle (*Regula Benedicti,* Kap. 8, 48 und 49), als Vorlesen und gemeinsames Lesen bei Tisch und in der Gemeinschaft (Kap. 38, 42, und 66), als gemeinsames Lesen und Singen im Gottesdienst oder zu dessen Vorbereitung (Kap. 8, 17 und 18), als Bibellesung mit Gästen (Kap. 53) und als Lesung aus der Regel begleitend zur Aufnahme neuer Brüder (Kap. 58) (vgl. S. 44–49).[14]

tati et usui tantum consulendum ē. aeterna deside
rantibus praemia. Ideo temperandus ē uitae
usus. sicut temperandus ē labor. Quia haec est
uera discretio. ut possibilitas spiritalis profectus.
cum abstinentia carnē macerante retenetur.
Si enim modum abstinentia excesserit. uicium
non uirtus erit. Uirtus enim multa sustinet bo
na et continet. Ergo cottidiae ieiunandum ē.
sicut cottidie reficiendum ē. Et dum cottidiae
edendum ē. uilius et partius corpori indulgendū ē.
Quia ideo cottidie edendum ē. quia cottidiae profi
ciendum ē. sicut cotidi e orandum. cottidieq;
ē legendum. CALCANDA

DE PAUPERTATE AC DE CUPIDITATE

Monachis quibus pro xp̄o mundus crucifixus ē.
et ipsis mundi cupiditas cauendae ē. Nimirum
dum non solum superflua eos habere damnabile ē.
sed etiam uelle. Quorum non census. sed uolun
tas queritur. Qui relinquentes omnia. et xp̄m
dnm̄ cum timoris cruce cottidiani sequentes. In
caelis habent thesauros. Idcirco dum in caelis mul
tum sunt habituri. paruo et extremo necessitatis
censu in terris debent esse contenti. Scientes
lepram esse cupiditatem monachis. imitatoribus

In Kapitel 48 der Benediktsregel werden die Handarbeit und das Lesen im Tagesablauf der Mönche angesprochen. Diese beiden Tätigkeiten bilden neben den spirituellen Ritualen sowie dem Essen und Schlafen die wichtigsten Elemente des monastischen Tagewerks. Die Stelle beginnt mit dem berühmten Wort: «Müssiggang ist der Seele Feind. Deshalb sollen die Brüder zu bestimmten Zeiten mit Handarbeit, zu bestimmten Stunden mit heiliger Lesung beschäftigt sein» (Kap. 48, 1). Das Lesen soll also nicht nur bilden, sondern es ist auch Gegenmittel gegen das verderbliche Nichtstun. Kontrollgänge durch ältere Mönche sollen sicherstellen, dass die angeordneten Lesezeiten auch tatsächlich für die Lektüre verwendet werden (Kap. 48, 17–20).

Täglich sind mehrere Lektürestunden vorgesehen. Sie werden gemäss der damals üblichen antik-römischen Tageseinteilung bezeichnet, bei der die Stunden ab Sonnenaufgang (ca. 6 Uhr) gezählt wurden. Benedikt teilt das Jahr in drei Abschnitte, in denen je eigene Tagesabläufe gelten:

Im Sommer, von Ostern bis zum 1. Oktober, werden dem Lesen zwei Stunden «von der vierten Stunde bis zur Sext», also am späteren Vormittag bis zum Mittagessen, eingeräumt (ca. 10–12 Uhr). Nach dem Mittagessen bis zur Non (ca. 15 Uhr) sollen die Mönche ausserdem rund zwei Stunden entweder schweigend oder lesend auf den Betten ruhen (Kap. 48, 3–9).

Im Winter, vom 1. Oktober bis zum Anfang der Fastenzeit, verschiebt sich die Lesezeit auf den frühen Morgen «bis zum Ende der zweiten Stunde» (ca. 6–8 Uhr) und auf den späteren Nachmittag nach der Hauptmahlzeit, die im Winter erst «zur neunten Stunde» (ca. 15 Uhr, Kap. 41, 6) eingenommen wird (Kap. 48, 10–13).

Während der Fastenzeit bis Ostern schliesslich gilt der Morgen «bis zur dritten Stunde» (ca. 6–9 Uhr) als Lesezeit (Kap. 48, 14–16), während der Rest des Tags «bis zur zehnten Stunde» (ca. 16 Uhr) der Arbeit gewidmet werden soll.

Im Zusammenhang mit der Entwicklung der Bibliotheken ist interessant, dass Benedikt in seinen Ausführungen auch die Begriffe *codex* und *bibliotheca* verwendet: «In diesen Tagen der Fastenzeit erhalten alle einzelne Bände *[singulos codices]* der Bibel *[de bibliotheca]*, die sie von Anfang bis Ende ganz lesen sollen. Diese Bände werden zu Beginn der Fastenzeit ausgegeben» (Kap. 48, 15–16). Das Wort *bibliotheca* bedeutet hier freilich nicht die Bücherei, sondern die Sammlung der biblischen Bücher. Diese waren auf verschiedene Bände, lateinisch *codices,* verteilt.[15] Die Stelle belegt damit, dass zur Zeit und im Umfeld Benedikts der Kodex die Schriftrolle als Textträger abgelöst hatte und dass die Bibel wohl aus praktischen Gründen nicht als Vollbibel in einem Band, sondern aufgeteilt in Bücher in Gebrauch war.

Benedikt von Nursia, *Regula Benedicti*, um 529. Zeile 1: *Otiositas inimica est animae, et ideo certis temporibus occupari debent fratres in labore manuum, certis iterum horis in lectione divina.*

St. Gallen, Stiftsbibliothek
Cod. Sang. 915, S. 87
Pergament, 353 Seiten
24 × 18 cm
Kloster St. Gallen, um 850

XLVIII DE OPERA MANUUM COTTIDIANA.

Otiositas inimica est animae. Et ideo certis tem
poribus occupari debent fratres in labore ma
nuum. certis iterum horis in lectione diuina.
Ideoq; hac dispositione. credimus utraq; tempo
ra ordinari. Id est ut a pascha usq; ad kalendas
octobres. mane exeuntes a prima usq; horam
pene quartam. laborent quod necessarium fuerit.
Ab hora aū quarta usq; ad horam quasi sextam
lectioni uacent. Post sextam aū surgentes
a mensa. pausent in lectulis suis cum omni silen
tio. aut forte qui uoluerit legere sibi sic legat.
ut alterum non inquietet. et agatur nona
temperius. mediante octaua hora. et iterum
quod faciendum ē. operentur usq; ad uesperam.
Si aū necessitas loci aut paupertas exegerit. ut
ad fruges recolligendas per se occupentur. non
contristentur. Quia tunc uere monachi
sunt. si labore manuum suarum uiuunt. sicut
et patres nostri & apostoli. Omnia tamen men
surate fiant. propter pusillanimes. A kalendis
autem octobribus usq; ad caput quadragesime
usq; in horam secundam plenam lectioni uacent.
Hora secunda agatur tertia. et usq; nonam.

Die ältesten erhaltenen St. Galler Manuskripte

Es kann also als gesichert angesehen werden, dass die Kulturtechnik Lesen schon mit Gallus im Jahr 612 nach St. Gallen gekommen ist. Und es ist davon auszugehen, dass sie auch von der Gemeinschaft von Brüdern (Zönobiten) um ihn herum und später an seinem Grab weiter gepflegt wurde, mindestens im Rahmen der gottesdienstlichen Handlungen, mit Hilfe von Bibeln und Messbüchern, die wohl von auswärts bezogen wurden.

Allerdings lassen sich heute in der Stiftsbibliothek keine Handschriften mehr feststellen, die eindeutig auf einen Urbestand des 7. oder frühen 8. Jahrhunderts zurückgeführt werden könnten. Möglich, wenn auch ungewiss, ist es für ein knappes Dutzend Kodizes und Fragmente unterschiedlichen Inhalts, die zwischen 400 und 750 entstanden sind.[16] Leider fehlen klarere Anhaltspunkte, die Schlüsse zur Zusammensetzung der St. Galler Bibliothek in den ersten 150 Jahren bis zum Tod Abt Otmars 759 erlauben würden.

Ab 760 beginnen sich die Informationen dann aber zu verdichten. Um diese Zeit werden nachweislich die ersten Handschriften im nun entstehenden Skriptorium geschrieben.[17] Der Einsatz von Schrift hatte im Umfeld der Galluskirche allerdings schon früher mit der Erstellung von Urkunden begonnen, in denen die Übergabe von Besitz ans Kloster St. Gallen dokumentiert wird. Bei der Verschriftlichung von Vereinbarungen ist ein Einfluss des Bistums Chur auf die noch junge Abtei anzunehmen.[18]

Die st. gallische Urkundenüberlieferung setzt um 700 ein und verdichtet sich ab dem Jahr 735. Bis zum Ende der Zeit Otmars sind 26 Urkunden im Original oder in Abschriften und Nachdrucken überliefert.[19] In diesem einzigartigen Schatz, der im Stiftsarchiv St. Gallen aufbewahrt wird, gilt eine Urkunde von um 745 als erstes Zeugnis der alemannischen Minuskel. Diese Schrift bildete sich um die Mitte des 8. Jahrhunderts im Bodenseeraum für Urkunden und Bücher heraus.[20]

Die ersten originalen Zeugnisse eines Klosterskriptoriums in St. Gallen, in dem Bücher für die Bibliothek kopiert wurden, stehen in Zusammenhang mit Winithar, der als einer der ersten Mönche unter Abt Johannes (759–782), dem Nachfolger Otmars, um 759 ins Kloster eintrat. Dort war er spätestens ab 768 Dekan und bestimmte damit als Stellvertreter des oft abwesenden Abts die Geschicke des Steinachklosters wesentlich mit.[21]

Gemäss neuen Forschungen hat Winithar vier bis fünf noch erhaltene Manuskripte ganz geschrieben (Cod. Sang. 2, 70, 194(?), 238, 907) und bei drei weiteren wesentlich mitgewirkt (Cod. Sang. 11, 109, Fragment Cod. Sang. 1399a2); in Cod. Sang. 225 können ihm zudem einige Überschriften und die Kapitelzählung zugewiesen werden. Dazu kommt eine Urkunde, womit er das Skriptorium mit der Kanzlei, die Bibliothek mit dem Archiv verbindet.[22]

Die vielleicht älteste erhaltene Handschrift des St. Galler Skriptoriums von um 750. Ob sie von Winithar geschrieben ist, ist umstritten. Der Band enthält Predigten von Caesarius von Arles und die *Soliloquia* von Isidor von Sevilla. Quer zur Schriftrichtung sind Reste des ursprünglichen Texts des Palimpsests mit den Weisheitsbüchern des Alten Testaments zu erkennen.

St. Gallen, Stiftsbibliothek
Cod. Sang. 194, S. 31–32
Pergament, 239 Seiten
18 × 12 cm
Kloster St. Gallen, um 750

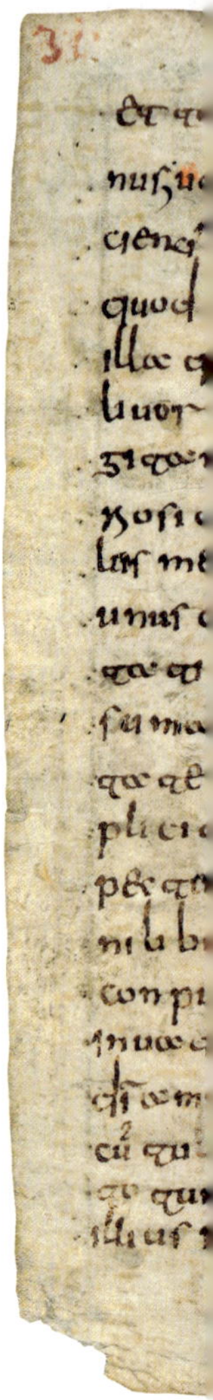

;, Ita habelo quicquid sermo diui
con iuncta sit consolatio, cru
est quod frendit; sed utile esse
a; sed inter haec quae necessi
re parata sunt homini, etiam
inimici; Haec ita que semi co
noc agone de sudantes; Et
n patres nostri, nos et discipu
emus esse et filios, ... picemus
quod possumus de bono inqui
es. hic de hereditate ... ius
n holosi ... gestorum uerbe
sa. hic mon suetudinis ... si
occupet talentum; ille dictum
tuo lentas acceperit is ma
incidat; hic margaritam
nis et thesaurum caelestem
est enim ille locupletior si mus
id quod habuit in egenis se
tnobis amen siuo lu... mus
quid; Ita ergo agamus bo
ut qui in aeternam glori...

surrexit ... sub fine seculorum redditur
nunc ecclesiae predicatur in filiis meritis
iam resurgat; amen. Explicit humilia III.

INCIPIT HUMILIA QUARTA SANCTI Caesarii

Scimus quidem spiritalis militiae cui nos
mancipauimus magnam esse in futurum
repositam remunerationem; sed si bene re
cipiamus in hoc ipso opere quod gerimus quo
dammodo etiam in presenti ... partem
premii possidemus; Et plane magnus ui
... fructus est seculum potuisse despicere
et deo seruire coepisse, quae si se uitiorum
infelicissimum dominum nec quam fugisse gule
... uel luxoriae sentit amissimae seruitutem;
quid ergo non iam magna pars premii est,
nihil commune habere cum mundo. nec ma
... rerum cupiditatibus non ...
... legibus non addicere et cum ...
... tem ... agere; ...
... operam dare ...
... potentia ... posse dare.

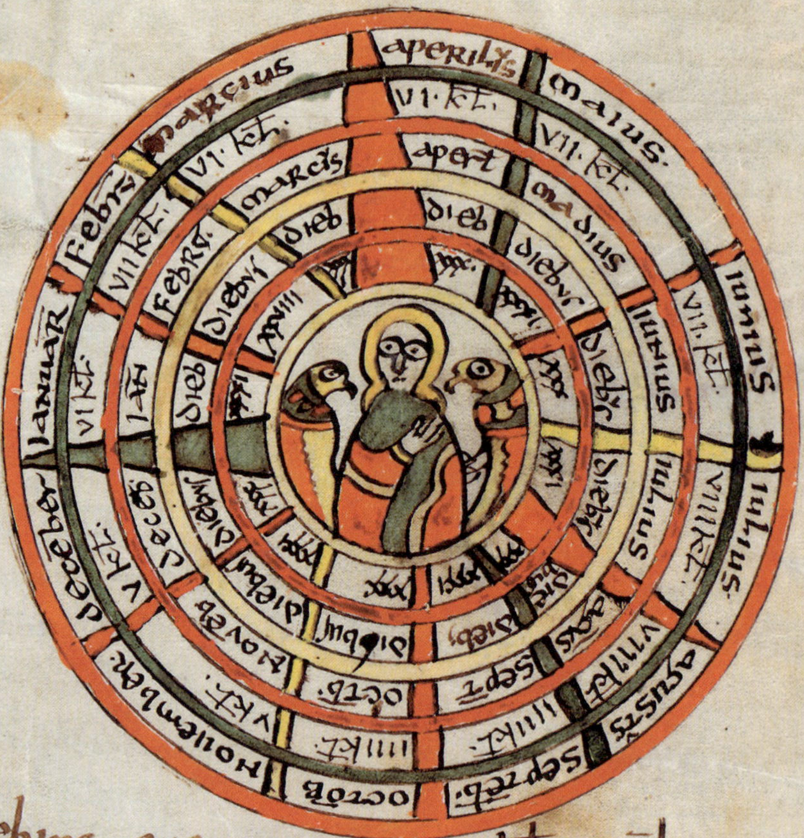

dehinc reuertentis ad. IIII. kl. septebris.
tali supputatione complentur dies. CCCLX.
duodecim autem mensiu. Egiptioru. V. dies supsunt
quos. Epagomenes. uel intercalares siue
additos. uocauerunt; de quib; supius memorie comme;

V. DE CONCORDIA MENSIUM

Ianuarius cu decebrio in horaru mensura
concordat; Februarius cu nouebrio.
equalis sumat; Marcius consentit octimbrio;

Winithar als Handschriftenmaler. Monatsrad mit den 12 Monatsnamen, Kalenderangaben und der Nennung der Anzahl Tage. In der Mitte eine menschliche Figur mit zwei Adlern.

St. Gallen, Stiftsbibliothek Cod. Sang. 238, S. 325 Pergament, 494 Seiten 29.5 × 21.5 cm Kloster St. Gallen, um 760/780

Mit Winithar erhalten wir Einblick in die ersten teilweise noch etwas unbeholfenen Schritte des St. Galler Skriptoriums. Das zeigt sich schon in der qualitativ uneinheitlichen Tinte oder im oft dicken Strich seiner Feder. Seine Schrift ist breit und für unser heutiges Auge unregelmässig, jedenfalls wirkt sie psychisch bewegt.

Mit Winithar haben wir einen leidenschaftlichen Mönch und Schreiber vor uns. In seinem *Versus Winitharii*, dem ersten in originaler Form erhaltenen literarischen Text aus St. Gallen, setzte er sich zu Beginn der 760er Jahre für die Einheit und Disziplin im Kloster ein, das nach dem Tod Otmars nicht ganz einfache Zeiten durchmachte. Er forderte seine Mitbrüder dazu auf, ihre Berufung ernst zu nehmen und wirklich als Mönche im Geist Benedikts zu leben.[23]

Zwei Mal nimmt er in seinen Handschriften Bezug auf die Mühen, denen er als erster Skriptoriumsleiter ausgesetzt war. Hauptproblem scheint die Beschaffung von geeignetem Pergament gewesen zu sein. Jedenfalls bittet er in seinem *Versus* um den begehrten Rohstoff: «Wenn es euch aber nützlich erscheint, dass ich euch etwas schreibe aus meiner Wenigkeit heraus, dann gebt mir euer Pergament» (Cod. Sang. 70, S. 251).[24] Einblick in seine Gefühle als Skriptor gibt er am Schluss von Cod. Sang. 238 (S. 493), wo er sich dankbar darüber zeigt, dass die mühsame Schreiberei zu Ende ist: «Gott und Christus die Ehre, weil das Buch endigt, das Winithar, ein Sünder und unverdient ordinierter Priester, geschrieben und so mit eigener Mühe und mit der Hilfe Gottes vollendet hat. Und es ist kein einziges Blatt, welches dieser nicht mit eigener Mühsal durch Kauf oder Bettelei erworben hatte, und es ist in diesem Buch kein einziges Längezeichen und kein Buchstabe, die nicht seine Hand gemalt hätte.»[25] In dieser Handschrift befinden sich auch die frühesten Miniaturen, die in St. Gallen entstanden sind (Abbildung S. 32).

Offenbar war das Kloster um 760 noch nicht für die nun einsetzende Buchproduktion gerüstet und hatte Schwierigkeiten, das dafür nötige Pergament in genügender Menge und Qualität herzustellen. Die Bearbeitung der auf einen Rahmen gespannten Tierhäute mit Kalk war mühsam und erforderte Zeit und praktische Erfahrung. Es ist vor diesem Hintergrund gut verständlich, dass die erste St. Galler Handschrift, die vielleicht von Winithar geschaffene Predigtsammlung Cod. Sang. 194, ein Palimpsest ist, eine Handschrift also, deren Pergament wiederverwendet wurde.[26]

Die Figur Winithars fasziniert. Sie steht gestaltend am Anfang des St. Galler Skriptoriums und ist an der Einführung der alemannischen Minuskel als Buchschrift beteiligt. Winithar ist zudem mit Cod. Sang. 238 der erste Handschriftenilluminator (vgl. Abbildung) und mit seinem *Versus* auch der erste namentlich bekannte Autor im Bodenseeraum.

2

Schaffung des Bibliothekarsamts

Cornel Dora

Nach zaghaften, nur indirekt zu erschliessenden Anfängen im 7. und bis zur Mitte des 8. Jahrhunderts, wird die Bibliothek mit dem Skriptorium ab 760 über die Person Winithars deutlicher fassbar. Neben den insgesamt neun Handschriften, die ganz oder teilweise von ihm stammen, können weitere noch heute in der Sammlung vorhandene Bände dieser Zeit zugewiesen werden. Darin sind andere Schreiber erkennbar, freilich keiner in ähnlich scharfen Umrissen. Die meisten Hände bleiben namenlos.[27]

Noch einmal hundert Jahre lang, bis um die Mitte des 9. Jahrhunderts, fehlen konkrete Nachrichten über die Bibliothek fast vollständig. Wie gross war sie, wie war sie organisiert und betreut? War ein Mitglied der Gemeinschaft dafür abgestellt, war sie Teil des Kirchendiensts und in der Sakristei untergebracht, oder doch eher mit dem Skriptorium oder dem Archiv verbunden? Wir wissen es nicht. Es ist freilich anzunehmen, dass die Praxis im Umgang mit den Büchern im Vordergrund stand, nicht ihre Verwaltung. Ein eigener Raum oder gar ein Katalog drängte sich bei einem Bestand, der um die Wende zum 9. Jahrhundert wohl keine hundert Bände erreichte, nicht auf.[28]

Der weitere Weg der Bibliothek hängt eng mit der Entwicklung des Klosters zusammen. Mit dem Amtsantritt von Abt Johannes im Jahr 759, der 760 auch Bischof von Konstanz und Abt der Reichenau wurde, war die Gemeinschaft Otmars in Abhängigkeit vom Bistum Konstanz geraten. Nun begann ein sechs Jahrzehnte dauerndes Seilziehen um ihre Eigenständigkeit. 782 wurde die Personalunion mit dem Bischofsamt zwar wieder gelöst, aber auch unter den St. Galler Äbten Ratpert (782), Waldo (782–784), Werdo (784–812) und Wolfleoz (812–816) blieb die Unterordnung bestehen.[29]

Dadurch wurde die Entwicklung der Abtei gehemmt, aber doch nicht vollständig abgebremst. Insbesondere Waldo, eine bedeutende Gestalt mit engen Beziehungen zu Karl dem Grossen, ist hier zu nennen. Bereits zu Winithars Zeit tritt er als Urkundenschreiber auf und dürfte in seinem kurzen Abbatiat zum weiteren Aufbau der Bibliothek beigetragen haben. Allerdings entfaltete sich seine Tätigkeit erst nach dem Verlassen St. Gallens vollständig, als Abt der Reichenau, Bischof von Pavia und Basel, Erzieher von Karls Sohn Pippin und Abtbischof von Saint Denis bei Paris.[30]

818 befreite Kaiser Ludwig der Fromme das Galluskloster aus der weltlichen Abhängigkeit von Konstanz. Nun setzte eine überaus dynamische Entwicklung von Skriptorium und Bibliothek ein, die vor allem mit den Namen der Äbte Gozbert (816–837) Grimald (841–872), Hartmut (872–883) und Salomo (890–920) verbunden ist.[31]

Dedicatione igitur ipsius basilicę gloriose cepta
& non sine signorū claritate honorifice pacta.
Postea p̄fatus abba goz̄ptus. In omnib, monasterii
nr̄i utilitatibus sine cessatione se studuit exercere
Librorū enī quorū maxima penuria in nr̄o loco
usq, ad illius tempus exstiterat. tantā copiā ille
patrauit. ut locus iste ex eorū multiplicatio
ne. non parū excresceret. Qui quales & quot
fuerint. qui diligentius quęsierit. inuenire poterit
Tempore uero p̄cedente. idem abbas. cū iam ęta
tis grauitatē. corporisq, infirmitatē. n̄ sufficere
crederet. ad instantiū necessitatē negotiorum.
a hludouuico clementissimo augusto imp&ra
uit. ut bernuuicus monachus nr̄. successor
illi existeret. Qđ stati. ut ille postulauit effectū ē.
Ordinatus ē uero bernuuicus abbas uiuente
goz̄pto. Anno Incarnationis dn̄i. dccc xxxvii
Hludouuici aū imp̄r. xxiiii. Post hęc uero
hludouuicus imp̄r. xii kt. iyt. de hac luce mi
grauit. Anno incarnationis dn̄i. dccc xl.

Mors Ludouuici.

Ratpert, *Casus Sancti Galli*, um 890.
Zeile 5: *Librorum enim, quorum maxima penuria in nostro loco usque ad illius tempus exstiterat, tantam copiam ille patravit, ut locus iste ex eorum multiplicatione non parum excresceret. Qui, quales et quot fuerint, qui diligentius quaesierit, invenire poterit.*

St. Gallen, Stiftsbibliothek
Cod. Sang. 614, S. 104
Pergament, 338 Seiten
22.5 × 16.5 cm
Kloster St. Gallen, um 900

Ausbau der Bibliothek unter Abt Gozbert

Der wahrscheinlich aus dem Thurgau stammende Abt Gozbert (816–837) leitete das Goldene Zeitalter des Klosters St. Gallen ein, das bis zum Ungarneinfall 926 dauerte. Nachdem er die Lösung aus der Abhängigkeit vom Bistum Konstanz erreicht hatte, kümmerte er sich umsichtig um die materiellen Belange der Gemeinschaft. Unter ihm nahmen die Schenkungen an die Abtei deutlich zu, er zentralisierte die Güterverwaltung und das Urkundenwesen.[32] Gozbert war auch der Empfänger des auf der Reichenau gezeichneten St. Galler Klosterplans. Mit dem 830 bis 837 errichteten Gozbertmünster, einer der grössten Kirchenbauten der Zeit, reihte sich St. Gallen nun äusserlich unter die bedeutenden Abteien des Karolingerreichs ein (vgl. S. 44–49).

In der Zeit Gozberts wurde die Bibliothek um etwa hundert Bände erweitert.[33] Davon berichtet Ratpert (um 850–um 910), der erste Chronist des Klosters, in Kapitel 6 seiner *Casus sancti Galli* («St. Galler Klostergeschichten»): «An Büchern nämlich, an denen in unserem Haus bis zu seiner Zeit der allergrösste Mangel herrschte, hat er eine so grosse Menge herstellen lassen, dass dieser Ort durch ihre Vermehrung in nicht geringem Masse hervorwuchs. Welche, von welcher Art und wie viele es gewesen sind, kann ermitteln, wer es genauer untersucht.»[34]

Der Bibliotheksbestand wuchs nicht nur inhaltlich und mengenmässig, sondern auch qualitativ. Nach dem Vorbild des Reichenauer Skriptoriums, in dem der bedeutende Schreiber und Bibliothekar Reginbert wirkte, schrieben die St. Galler Mönche nun eine ästhetisch hochstehende Form der alemannischen Minuskel, die mit dem Namen von Wolfcoz verbunden ist. Gemäss neuen Forschungen von Natalie Maag hat Wolfcoz allerdings weniger Handschriften geschrieben als bisher angenommen wurde. Einige der bisher ihm zugeschriebenen Meisterwerke scheinen stattdessen von Reginbert zu stammen.[35]

Ratperts wohl durchaus humorvoll gemeinte Bemerkung, dass die unter Gozbert geschriebenen Bände bei genauer Untersuchung eruiert werden könnten, ist auf überraschende Weise aktuell geworden. Unerwartet gibt es kräftige Reichenauer Spuren beim Aufbau der St. Galler Bibliothek während der Gozbert-Zeit. Die grosse kreative Zeit der hiesigen Buchproduktion beginnt somit etwas später als bisher gedacht, nämlich nach 840 unter Abt Grimald und seinem Stellvertreter und Nachfolger Hartmut.

.1.2

DE LIBRIS DIVERSORŪ AUCTORUM.

Gregorii turonici liber miraculorū .I. in gloria martyris iuliani lib. I. De uirtutib. sci martini epi libri .IIII. De uita patrū lib. I. In gl̄a confessorū lib. I. hoc totū in uolumine uno.

Chronicę diuersorū temporū libri .VI. Et gesta francorū in uolumine .I.

/ int libros h[…]

Itē chronica eusebii & hieronimi in uol. I. descrip[…]

Ruodinū uidi habere qui dix(it) suū ee. — R. Exposit. sci (columbani) sup om̄s psalmos uol. I.

R. hoc n̄ uidi. — Itē eiusdē instructio de fide & alia n̄nulla in uol.

Lib. s. effrem diaconi .VI. de diuersis causis uol. I.

Junilii instructionū lib. II. Itē de caritate dī & dilectione pximi; Itē de mensib. & annis in uol. I.

Ferrandi diaconi qualis ēe debeat dux religiosus in militarib. actib. uolum. Is lib. differentiarū in u[…]

inutile. — Eucherii questionū in uet(us) & nouū testamtū […]

Iuliani epi pgnosticoȝ futuri seculi libri .III. in uol. II.

Collectarii magni IIII homeliarū seu sermonū scōrū patrū p singulas festiuitates in anno.

Collectio eadbti de diuersis opusculis scōrū patrū

inutile — Itē collectio de uerb. augustini. uolum. I.

hieronimi gregorii seu cęterorū scōrū patrū. uol. I.

Expositio tichonii (donatistę) in apocalipsim uol. I. uetus.

corrupt. — Expos primasii in apocalipsim libri .V. Et glosulę gregorii in apocalipsi spiritalis intellegentię in uolumine .I.

19a

De libris diversorum auctorum. **Eine Seite des ältesten St. Galler Bibliothekskatalogs, erstellt durch den ersten bezeugten Stiftsbibliothekar Uto, um 860/865, mit Bemerkungen aufgrund einer Revision um 883/890, vermutlich in der Hand von Notker Balbulus.**

St. Gallen, Stiftsbibliothek
Cod. Sang. 728, S. 12
Pergament, 220 Seiten
25.5 × 16 cm
Kloster St. Gallen,
um 860/870

Bibliothekarsamt und Katalog

Abt Grimald (841–872) gehört zu den grossen Persönlichkeiten der st. gallischen Klostergeschichte. Aus einer einflussreichen fränkischen Familie stammend, erhielt er seine Ausbildung am Hof Karls des Grossen. Dort soll er persönlich noch den Unterricht Alkuins, des grossen Kulturpolitikers des Kaisers, erlebt haben. Er besuchte auch die Reichenauer Klosterschule. Ein Zeugnis seiner Gelehrsamkeit ist die Benediktsregel, die er 816 gemeinsam mit Tatto nach dem Aachener Reichsexemplar abschrieb. Dieser inzwischen verlorene Kodex war seinerseits die Vorlage für den besten heute noch erhaltenen Textzeugen, Cod. Sang. 914.[36]

Grimald profilierte sich am Hof Kaiser Ludwig des Frommen als Gelehrter und wurde 825 Abt des Klosters Weissenburg in Nordostfrankreich, dem er mit einem politisch bedingten Unterbruch von 840 bis 847 bis zu seinem Tod insgesamt 40 Jahre lang vorstand. Daneben leitete er von 833 bis 837 und 854 bis 870 die Kanzlei König Ludwig des Deutschen (um 806–876).[37]

841 wurde Grimald von Ludwig dem Deutschen zum Abt von St. Gallen ernannt. Obwohl dabei das Wahlrecht der Mönche missachtet wurde, entwickelte sich ein ungetrübtes Verhältnis des neuen Vorstehers zur Gemeinschaft. Ein Grund dafür war die Tatsache, dass er es den Brüdern erlaubte, einen aus ihrer Mitte, Hartmut, zum Stellvertreter mit Nachfolgerecht zu wählen.

Unter dem Gespann Grimald/Hartmut (841–883) und mit Gelehrten und Künstlern wie Iso, Marcellus, Notker Balbulus, Tuotilo und Ratpert nahm St. Gallen nun ganz vorne in der Kultur Europas Platz. Skriptorium und Bibliothek bildeten die Grundlage für diesen Höhenflug.[38] Unter Gozbert betrug der Zuwachs zur Sammlung wie schon bei Gozbert weitere hundert Bände.[39] Die Schreibkunst erreichte nun ein herausragendes Niveau, wobei die karolingische Minuskel an die Stelle ihrer alemannischen Vorläuferin trat. Künstler wie Folchart und Sintram schufen Meisterwerke der karolingischen Buchkultur und Initialkunst schlechthin.

Im Windschatten dieser Entwicklung wurde die Institutionalisierung der Klosterbibliothek mit der Schaffung des Bibliothekarsamts abgeschlossen. Von etwa 861 bis 864 begegnet uns in den Urkunden mit Uto erstmals ein Mönch in dieser Funktion. Der Bestand war wohl durch die fleissige Arbeit der Schreiber so gross und wertvoll geworden, dass sie auf feste Füsse gestellt werden musste. Der älteste Katalog der Stiftsbibliothek, Cod. Sang. 728, dürfte als eine der ersten Arbeiten und Autograph Utos entstanden sein. Dieser erste Bibliothekskatalog der Schweiz umfasst 294 Einträge für etwa 426 Bände. Er beginnt mit einer Liste der Bücher in irischer Schrift und schreitet dann thematisch vom Heiligen (Bibeln) zum Weltlichen (Grammatik) fort.[40] Die Randbemerkungen auf der abgebildeten Seite stammen von einer Revision, die vermutlich Notker Balbulus nach 883 durchführte.

Notker Balbulus als Bibliothekar (vor 883–890)

Von allen Betreuern der Stiftsbibliothek St. Gallen in ihrer 1400-jährigen Geschichte ist Notker Balbulus (um 840–912) der prominenteste. Seine Wirkungszeit als Bibliothekar sind die 880er Jahre, mindestens von 883 bis 890, vielleicht auch einige Jahre vorher und darüber hinaus.[41]

Notker Balbulus, zu deutsch «der Stammler» oder auch «der Dichter» genannt, gehört zu den bedeutendsten Wortkünstlern des Frühmittelalters.[42] Den Beinamen *balbulus,* der einen Sprachfehler ausdrückt und ein Spannungsverhältnis zu seiner sprachlichen Begabung sichtbar macht, gab er sich selber. Allerdings war sein Problem nicht das Stottern, sondern er hatte wohl in der Jugend seine Zähne verloren, was ihn in der Artikulation behinderte.[43] Dieser offensive, kokettierende Umgang mit einem Handicap im Namen ist erstaunlich. Er bezeugt das im christlichen Frühmittelalter gewandelte Wertesystem, wonach alle Menschen vor den letzten Dingen gleichwertig sind. Im Bodenseeraum scheint man dafür besonders aufgeschlossen gewesen zu sein, denn ein ähnlicher Umgang mit der körperlichen Behinderung ist auch für Walahfrid Strabo, den «Schieler», und Hermannus Contractus, den «Lahmen», belegt.[44]

Es war wesentlich und ein glücklicher Zufall, dass Leute von Notkers Schlag den kulturellen Aufbruch unter Grimald und Hartmut gestalteten. Seine Zuneigung zum Sprachlichen, zum Schreiben, zu den Büchern ist vielfach belegt. Literarisch war er in verschiedenen Disziplinen tätig. Unter anderem dichtete er Sequenzen, verfasste eine Anekdotensammlung zu Karl dem Grossen und stellte ein Martyrologium zusammen. Er war zudem ein geübter Schreiber, erstmals erscheint er 858 in einer Urkunde in dieser Funktion. Als Bibliothekar zeichnet er nur einmal, nämlich 890.[45]

Notkers Tätigkeit in der Bibliothek ist unter anderem durch eine eigenhändige Notiz dokumentiert, die er um 890 in einer um 830 entstandenen Bibelhandschrift von Wolfcoz anbrachte (Cod. Sang. 14, S. 331). Hier erwähnte er nebenbei, dass er die Bibliothek des heiligen Gallus über die Jahre um Vieles vermehrt habe: *bibliothecae sancti Galli, cui dei gratia multa accumulavi*. Der Rest des eingefügten Abschnitts zeigt ihn übrigens als langjährigen und aufmerksamen Benutzer der Bibliothek, der sich auch für die Literatur am Wegrand interessierte und den Kirchenvater Augustinus schätzte.[46]

Autographen bedeutender Autoren sind im Frühmittelalter glückliche und äusserst seltene Einzelfälle. Susan Rankin hat 1991 die Bedeutung dieser Stelle erkannt. Sie bildet ein wichtiges Puzzlestück auf der Suche nach der Hand Notkers in den Handschriften der Stiftsbibliothek.[47]

Notkers Bemerkung zur Erweiterung der Bibliothek.
Zeile 13: *Ego Notkerus, indignus coenobiota sancti Galli, cum adhuc adolescentulus …*

St. Gallen, Stiftsbibliothek
Cod. Sang. 14, S. 331
Pergament, 340 Seiten
31.5 × 20.5 cm
Kloster St. Gallen, um 820/830, Notiz Notkers um 890

xericemus in dōnrō ut ducamus uxores
eregrinas. Defiliis autem ioiade filii eliasib
cerdotis magni. gener erat sanaballat
ath oronitis quem fugaui a me. Recor
dare dn̄e ds̄ mīs aduersus eos qui polluunt sacer
otium iusque sacerdotale & leuiticum.
atur mundaui eos ab omnibus alienige
is & constitui ordines sacerdotum & le
uitarum. unumquemque in ministerio
o. & in oblatione lignorum in tempo
bus consti-tutis & in primitiuis. Memen
ome ds̄ meus in bonum ;

Ende des II. B. Esdrae.

go notkerus. indignus coenobiota sc̄i galli. cū ad
ic adolescentulus. in quodā antiquissimo augiensium
ro. subiecta enigmata legissem. quasi p ludo uel
hili. ea computaui. Sed cū tempore procedenti. li
os sc̄i aug legere coepissem. & precipue illos de ciui
te dī. & inuenirem in qua auctoritate eadem ipse
cepisset. nefas putaui. si illa bibliothecę sc̄i galli. cui
gratia multa accumulaui. scribere negligendo defru
uerim. Cū etiā prius ep̄lam ieremię. & librū baruch
eritissimo ieronimo despectū. sed a cęteris ecclesiasticis
itatum. In fine eiusdem prophete ēscribi fecerim.

Et exaudias praecationem pueri tui & populi tui
israhel. Si orauerint in loco isto. & exaudias in
loco habitationis de caelo. & exaudias. & propiti
us sis. si peccauerit uir inte

psptter hartmotus ofret be co gallo libri

Abt Hartmut, dargestellt mit einem Buch. Die Zeichnung wird aufgrund der Haartracht ins 12. Jahrhundert datiert.

St. Gallen, Stiftsbibliothek
Cod. Sang. 7, S. 256
Pergament, 460 Seiten
23.5 × 17 cm
Kloster St. Gallen,
um 870, Zeichnung 12. Jh.

Der Hartmutturm

Noch direktere Verdienste um die Bibliothek als Grimald hat sein Stellvertreter und Nachfolger Hartmut. Er war wohl die prägendste Gestalt des st. gallischen Goldenen Zeitalters. Ähnlich wie Grimald kam auch Hartmut aus einer angesehenen Familie und erhielt eine ausgezeichnete Bildung, in seinem Fall durch Hrabanus Maurus im Kloster Fulda, wo er Mitschüler Otfrieds von Weissenburg war. Ab 838 ist er als Mönch im Kloster St. Gallen bezeugt, und spätestens im Jahr 849 übernahm er das Amt des Dekans und war damit Stellvertreter des meist abwesenden Abts Grimald. Nach dessen Tod 872 erhielt er die Abtswürde. 883 trat er von der Leitung des Klosters zurück und lebte bis zu seinem Tod zeitweise als Inkluse. Noch 895 wird er in einer Urkunde als Zeuge genannt.[48]

Hartmut kombinierte monastischen Sinn mit kulturellem Engagement und umsichtiger Tatkraft. Er sorgte einerseits für die klösterliche Disziplin und das kirchliche Leben, etwa indem er Statuten erliess und die Otmarsverehrung belebte (Heiligsprechung 864, Otmarskirche 867).[49] Andererseits förderte er Bildung, Kunst und Wissenschaft. Dabei engagierte er sich auch persönlich, wie die nach ihm benannte Hartmut-Bibel, eine nach dem besten Wissen der Zeit erstellte Fassung der lateinischen Bibel, bezeugt.[50] Das philologisch ehrgeizige Projekt zeigt das Interesse der St. Galler Mönche für Texttreue. Darin liegt ein wesentlicher Grund für die generell gute Qualität der St. Galler Handschriftenüberlieferung aus der Karolingerzeit.

In den etwas mehr als drei Jahrzehnten unter Dekan und Abt Hartmut erreichte das St. Galler Skriptorium seinen Höhepunkt (vgl. S. 39). Die karolingische Minuskel erhielt eine charakteristische St. Galler Prägung, die sich unter anderem durch einen nach rechts geneigten Duktus, eine Verdickung der Oberlängen und Schaftansätze und Eigenheiten bei den Buchstaben m und n auszeichnet. In Erinnerung an die grosse Persönlichkeit Hartmuts wird diese Schrift auch Hartmutminuskel genannt.[51]

Von grosser Bedeutung für die Bibliothek war die Errichtung des Hartmutturms auf der Nordseite des Klosterbezirks. Sie erfolgte im Zusammenhang mit der Fortsetzung und dem Abschluss der Bauprojekte Gozberts (vgl. S. 37) durch Hartmut. Dazu gehörten die Fertigstellung der Wirtschaftsgebäude, die Errichtung einer Abtspfalz und der Otmarskirche sowie die Vollendung der inneren Ausstattung des Gozbertmünsters. Der Hartmutturm war als dreistöckiger Schutz- und Fluchtturm konzipiert. Hier wurden zunächst der Klosterschatz und später auch der Bibliotheksbestand untergebracht. Dank diesem Turm überstanden die wertvollen Kodizes während sechs Jahrhunderten alle Überfälle und Brände. Mit dem Bezug der neuen Renaissancebibliothek 1553 wurde er obsolet und 1666 schliesslich abgerissen.[52]

3

Buchorte auf dem St. Galler Klosterplan

Cornel Dora

Der St. Galler Klosterplan gehört zu den wichtigsten Kulturdenkmälern Europas. Diese weltweit älteste erhaltene Architekturzeichnung wurde um 820 im Kloster Reichenau wohl auf Anweisung von Abt Haito gezeichnet und dort vom bekannten Schreiber und Bibliothekar Reginbert mit einem weiteren Mönch beschriftet. Anlass dazu bildeten die Vorbereitungen zum Bau des Gozbertmünsters in St. Gallen, das dann von 830 bis 837 errichtet wurde. Der als Bauherr für das Basler Münster und das Reichenauer Münster diesbezüglich erfahrene Abt Haito gab seinem Amtsbruder Gozbert in St. Gallen mit dem Plan wertvolle Hinweise auf den Weg.[53]

Allerdings wirkte das 112 × 77.5 cm grosse Pergament mehr als Konzept denn als konkrete Bauanweisung. Jedenfalls haben die Ausgrabungen in der Kathedrale St. Gallen vor fünfzig Jahren einen anderen Bau zutage gefördert als den in der Zeichnung enthaltenen. Das war nicht unbedingt zu erwarten gewesen, weil die Plankirche eine ganze Reihe spezifischer Bezüge zu den st. gallischen Verhältnissen aufweist.[54]

In der Forschung besteht heute dennoch Konsens, dass der Plan einen konkreten Bezug zum St. Galler Bauprojekt hatte und im Dialog zwischen den beiden Klöstern Reichenau und St. Gallen entstanden ist. Dabei ist insbesondere auch die frühere Idee zu verwerfen, dass er ein Exemplar eines Idealplans sei, der anlässlich der anianischen Reformen der Synoden von Aachen (816/817) und des Reichstags Kaiser Ludwigs des Frommen 818/819 entstand. Stattdessen handelt es sich um ein Einzelstück, ein konkretes Architekturkonzept, das als Diskussionsbeitrag des Reichenauer Konvents für St. Gallen gedacht war.[55]

Mit seinen 52 Gebäuden und 333 Beischriften kann der Klosterplan in vieler Hinsicht als Umsetzung der Benediktsregel gesehen werden.[56] Mit Blick auf die Thematik Bibliothek, Buch und Lektüre sind im Folgenden die Orte eingezeichnet, an denen Bücher aufgrund der Vorschriften der Regel zu erwarten sind. Ergänzend wird soweit möglich auf die Faksimile-Ausgabe mit der Begleitpublikation von Ernst Tremp oder weitere Überblicksliteratur verwiesen.[57]

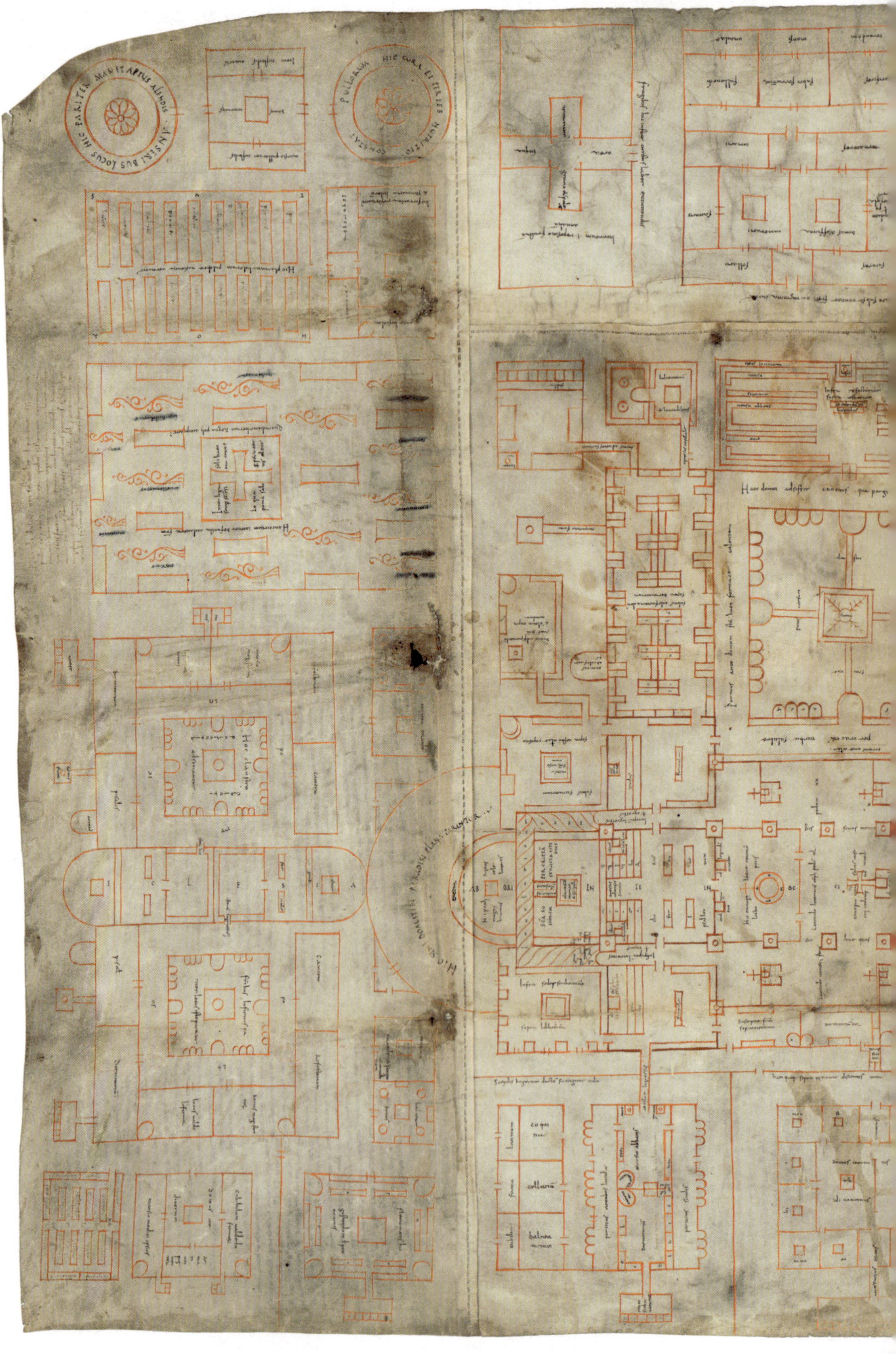

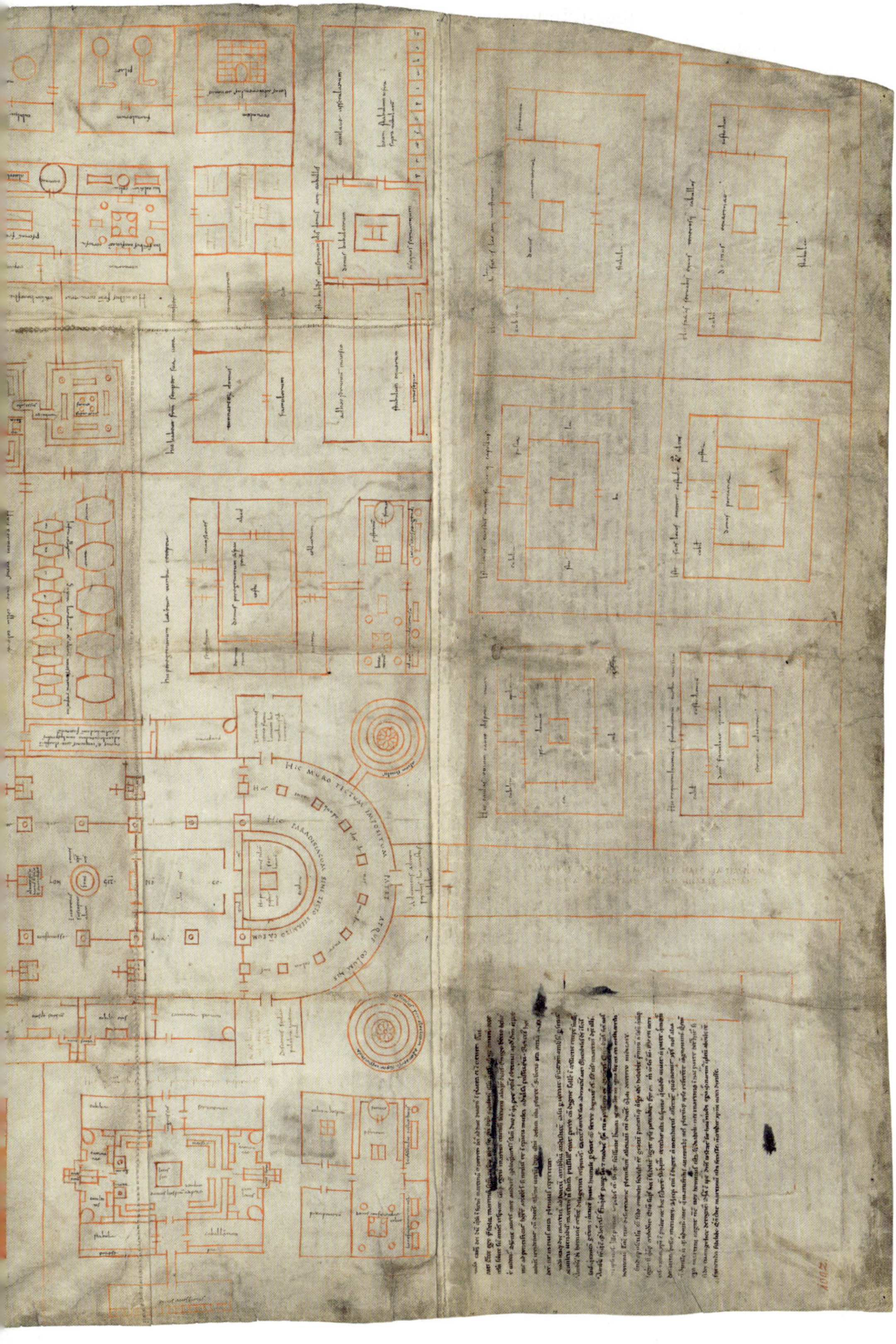
HIC MURO TECTUM IMPOSITUM
PARADISIACUM

1 **Skriptorium:** Buchherstellung (Tremp, S. 24–25)
2 **Bibliothek:** Buchaufbewahrung, private und gemeinschaftliche Lektüre (Tremp, S. 24–25)
3 **Sakristei:** Messbücher für den Gottesdienst (Tremp, S. 24)
4 **Kirche, Hauptaltar beim Gallusgrab und weitere Altäre:** Messbücher für den Gottesdienst (Tremp, S. 19–22)
5 **Kirche, Mönchschor im Osten:** Messbücher, Psalter und Gesangbücher für den Gottesdienst (Tremp, S. 19–21)
6 **Kirche, Ambo:** Evangelienbücher und Bibeln für die Lesung im Gottesdienst (Tremp, S. 22)
7 **Kirche, Mönchschor im Westen:** Messbücher, Psalter und Gesangbücher für den Gottesdienst (Tremp, S. 21)
8 **Kapitelbereich im Norden des Kreuzgangs:** Kapiteloffiziumsbuch zum Vorlesen von Regel, Geschichte der Tagesheiligen, Namen der Verstorbenen etc. (vgl. S. 26)
9 **Dormitorium:** Bibeln und andere Werke für die private Lektüre (Tremp, S. 18–19)
10 **Refektorium:** Bibeln und andere Werke für die Tischlesung gemäss Benediktsregel, Kap. 38 (Tremp, S. 19)
11 **Pilger- und Armenhaus:** Bibeln und Gebetbücher für die Lesung bei Ankunft gemäss Benediktsregel, Kap. 53 (Tremp, S. 26)
12 **Haus für vornehme Gäste:** Bibeln und Gebetbücher für die Lesung bei Ankunft gemäss Benediktsregel, Kap. 53 (Tremp, S. 26)
13 **Schule:** Werke und Schulbücher aller Art für den Schulunterricht der Lehrer und für die Schüler (Tremp, S. 25–26)[58]
14 **Abtspfalz:** Bibeln und andere Werke für die private Lektüre (Duft, S. 24)
15 **Haus für Oblaten und Novizen:** Bibeln und andere Werke für die private Lesung in den Zimmern und im Tagesraum sowie für die Tischlesung im Refektorium (Duft, S. 26)
16 **Infirmarium:** Bibeln und andere Werke für die private Lesung in den Zimmern und im Tagesraum sowie für die Tischlesung im Refektorium (Tremp, S. 27–28)
17 **Ärztehaus:** Medizinische Bücher für die Behandlung und Beratung (Tremp, S. 28)

Abbildung S. 46/47

St. Galler Klosterplan.

St. Gallen, Stiftsbibliothek
Cod. Sang. 1092
Pergament
1 Blatt, 112 × 77.5 cm
Vorderseite Kloster Reichenau, um 820
Rückseite St. Gallen, Ende 12. Jh.

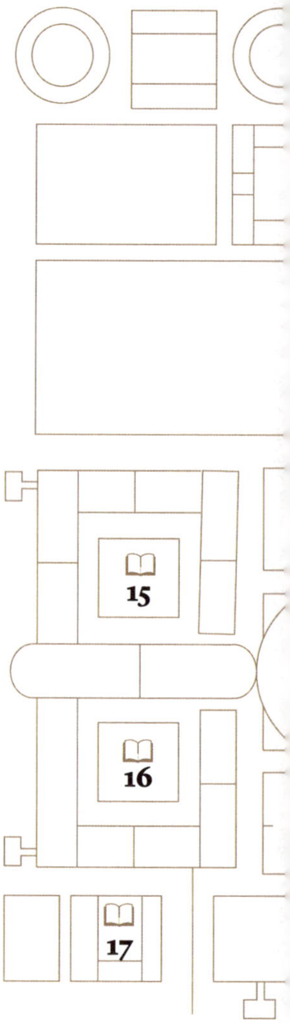

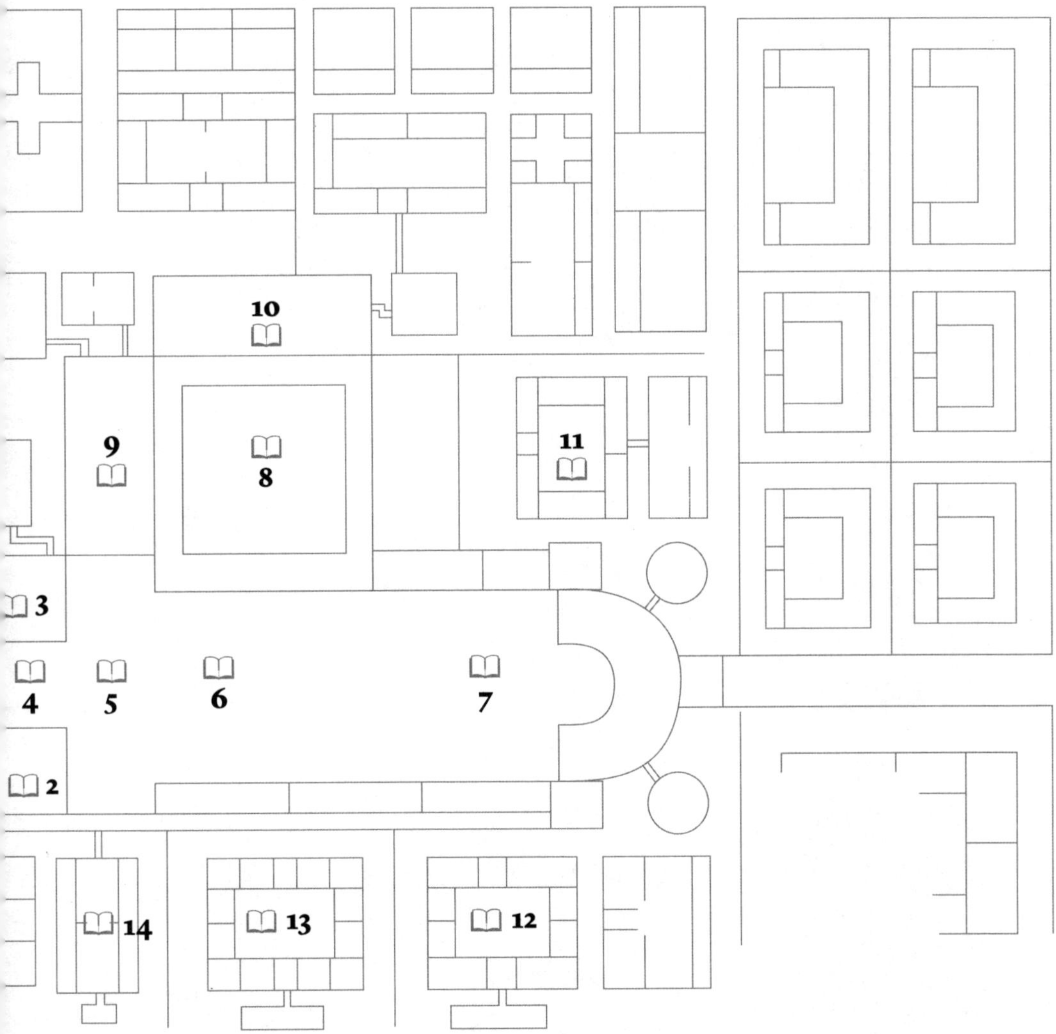
10
9
8
11
3
4
5
6
7
2
14
13
12

4

Gefahren und Gelehrte

Cornel Dora

Ende des 9. Jahrhunderts, zur Zeit von Notker Balbulus, war die Institutionalisierung der Bibliothek innerhalb des Klosters abgeschlossen. Der Bestand war jetzt gemeinsam aufgestellt, die einzelnen Bände waren erfasst und ihr Verbleib bibliothekarisch überwacht. Mit der Schaffung des Bibliothekarsamts hatte das Gespann Grimald/Hartmut den Aufgabenbereich Bibliothek im Kloster fest etabliert. Und das wissenschaftliche Interesse gepaart mit dem Schulbetrieb sicherte die Nutzung und Wertschätzung für den Bestand. Dieser gehörte mit vielleicht 700 Bänden zur Zeit der Jahrtausendwende quantitativ und qualitativ zu den besten in Westeuropa.[59]

Diese glückliche Phase der Bibliotheksgeschichte mit sowohl intensiver als auch fruchtbarer Nutzung dauerte bis etwa zur Mitte des 11. Jahrhunderts. Bis dahin gab es immer wieder herausragende Dichter und Gelehrte, die auf die Bibliothek vertrauten und zu ihrer Weiterentwicklung beitrugen. Zwar ging die Buchproduktion etwas zurück, aber es kamen neue Themen in die Sammlung, die dadurch weiter an Wert gewann, beispielsweise Musikhandschriften oder die althochdeutschen Übersetzungen Notkers des Deutschen.[60]

Das wissenschaftliche Leben wurde getragen von Gelehrten, Dichtern und Musikern wie dem Bibliothekar Waldram, Ekkehart I., Notker Medicus, Hartker, Notker dem Deutschen und Ekkehart IV. Sie alle haben auf ihre Weise die Bildungstradition des Goldenen Zeitalters in der Zeit von 950 bis 1075, die Silbernes Zeitalter genannt wird, fortgeführt.[61]

Etabliert und weitum bekannt, war die Bibliothek nun aber auch verletzlich und von Gefahren bedroht. Und so begann die Sorge um die Erhaltung des Aufgebauten. Die wichtigsten Gefährdungen waren die Habgier von Besuchern, die Zerstörungswut des Kriegs, die Macht des Feuers, aber auch alltägliche Gefahren wie Feuchtigkeit und Schädlingsbefall. Dazu kam die Gefährdung von innen, etwa wenn die Mönche alte Bestände entsorgten, die sie im täglichen Leben nicht mehr brauchten.

Die Stiftsbibliothek St. Gallen hat seit dem 10. Jahrhundert immer wieder Glück gehabt. Am Anfang steht der Rat Wiboradas an Abt Engilbert, der 925/926 zur Evakuierung und Rettung verhalf. Wiborada ist deshalb zu einer Art Schutzengel der Sammlung geworden, aber als Patronin der Bibliotheken und Bücherfreunde auch zu einem Symbol für alle Bestrebungen und Umstände, welche mithelfen, Krisen und Bedrohungen von Bibliotheken zu verhindern.

Wiborada, Patronin der Bibliotheken

Dass die Stiftsbibliothek St.Gallen zahlreiche Überfälle und Feuersbrünste überstanden hat, verdankt sie gemäss der st.gallischen Tradition der heiligen Wiborada. Sie lebte von 916 bis 926 als Inklusin bei der Kirche St.Mangen und war als Ratgeberin geschätzt – ganz gemäss ihrem Namen, der «Frauenrat» bedeutet. Aufgrund einer Vision sagte sie 925 dem Abt des GalLusklosters, Engilbert, einen Einfall der Ungarn für den kommenden 1. Mai voraus und veranlasste ihn, die Bibliothek und den Klosterschatz in Sicherheit zu bringen.[62] In der Folge liess Engilbert tatsächlich die Bibliothek auf die Reichenau transportieren und baute für die Menschen und die Wertgegenstände eine Fluchtburg an der Sitter, die sogenannte Waldburg, von der heute noch Reste zu finden sind.[63]

Als dann am 1. Mai 926 tatsächlich die Ungarn St.Gallen überfielen, konnte der Schaden in Grenzen gehalten werden. Die Bibliothek kehrte einigermassen unversehrt nach St.Gallen zurück, wenn auch Ekkehart IV. in der Klosterchronik vermerkte, dass zwar die Zahl, nicht aber die Bände identisch gewesen seien.[64] Wiborada selber wurde bei den Ereignissen tödlich verletzt und starb am 2. Mai. Aufgrund ihrer Intervention für die Klosterbibliothek gilt sie als Kirchenpatronin der Bibliotheken und Bücherfreunde.[65]

Im Jahr 1047 wurde Wiborada von Papst Clemens II. heiliggesprochen, gemäss der Klosterchronik offenbar nach längeren Bemühungen: Abt Nortpert (1034–1072), heisst es da, «erreichte auch mit Hilfe Kaiser Heinrichs [III.] und seiner Gemahlin Agnes beim apostolischen Herrn Clemens II. nach Verlesung der Lebensbeschreibung der seligen Wiborada und ihrer Wunder und getadelt vom Papst wegen der so langen Vernachlässigung der Sache, dass er sie in Gegenwart des Bischofs Theoderich von Konstanz kanonisierte und vorschrieb, sie als Heilige anzusehen, und einrichtete, ihren Jahrtag feierlich zu begehen.»[66] Der Wiboradatag wird am 2. Mai gefeiert, ihrem Todestag gemäss der Überlieferung.

Die Gestalt Wiboradas faszinierte im Kontext der Kirche in mehrfacher Hinsicht: durch die asketische Lebensführung, ihre Tätigkeit als Ratgeberin, das Martyrium, aber wohl auch als Frau. Vor ihr waren nur drei Männer formell kanonisiert worden: 993 Ulrich von Augsburg – ein ehemaliger St.Galler Klosterschüler, der übrigens in der Wiboradavita erwähnt wird –, 1016/1024 Symeon von Polirone, ein armenischer Einsiedler, und 1042 Symeon von Trier.[67] Eine Heiligsprechung ist heute noch ohne Engagement des Ursprungsorts nicht möglich. Es spricht für die guten Beziehungen und die Offenheit der St.Galler Mönchsgemeinschaft, dass sie die Aufnahme einer Frau in die Schar der Heiligen durchsetzen konnte.

Der Anfang des Wiboradalebens in der Fassung des St.Galler Mönchs Herimannus. Diese Handschrift wurde ab dem 12. Jahrhundert zum Gebrauchsexemplar des Klosters, das zur Lesung am Festtag der Wiborada und zur Lektüre benützt wurde. Sie diente auch als Vorlage für weitere Abschriften.

St.Gallen, Stiftsbibliothek
Cod. Sang. 564, S. 244
Pergament, 326 Seiten
27.5 × 19.5 cm
Kloster St.Gallen, 12. Jh.

BEATA DEI
VIRGO VVIBORA
DA EX ALAMANNO
rum ꝓsapia oriunda. apa
rentib; sc̄dm sc̄li dignitatē
non infimis. sc̄dm xp̄ianam
autē libertatē nobilissimis.
originē duxit. Itaq; dō ab
ipsis cunabulis deuota existens. ac uirtutū
incrementis transcendens tempus etatis. nobi
litatē suā religiosa conuersatione ornabat.
Nam uniuersas iuuenilis petulantię illece
bras a tenero ungue execrans. ut legit̄ de
raguelis filia. numquā miscuit se cum lu
dentib; neq; cum his qui in leuitate ambu
labant; Sp̄s enim sc̄s qui eandē puellā iusti
uiri thalamo sociandā in umbra legis im
maculatā conseruauit. ipse etiam uuibora
dam ꝑ lauacrum regenerationis in adopti
onem filiorū dī receptam. dignatus est

prima fig^a

O herr vatter himel vñ erde
Dise wunderzaichen sint din d'
den schatz der wisshait ver-
borgen hast / So den witzige
diser welt / Und hast in geoffnet
den klainen / Von dir lebent
die ding die tod sint / Die
vnempfintlichen verstand die
blinden ding sehent / Die stum
en sint dir sprechend / Und de

Wiborada singt die Psalmen, während ihr Bruder Hitto die Messe feiert.

St. Gallen, Stiftsbibliothek
Cod. Sang. 602, S. 291
Papier, 522 Seiten
28.5 × 20.5 cm
St. Gallen, Konrad Sailer, 1451/1460

Die Erinnerung an Wiborada

Das Gedenken an Wiborada setzte im Kloster St. Gallen unmittelbar nach ihrem Tod ein. Ein aussergewöhnliches Zeichen der Wertschätzung ist die Tatsache, dass ihr Name kurz nach dem Ungarneinfall, um 930, im Professbuch der Mönche eingetragen wurde. Auch ihre Aufnahme in die Gebetsverbrüderungsliste des Kapiteloffiziumsbuchs (Cod. Sang. 915, S. 8) um 950 ist bemerkenswert. Kurz darauf, um 956, wurde ihr Martyrium ausserdem in den Annalen der gleichen Handschrift vermerkt, allerdings jetzt mit der falschen Jahrzahl 925.[68]

Ein wichtiger Schritt bei der Entwicklung der Memoria war die Abfassung einer Lebensbeschreibung. Diese Aufgabe erfüllte der Klosterdekan Ekkehart I. um 960/970 vermutlich auf Veranlassung Ulrichs von Augsburg. Im Umfeld der Heiligsprechung um 1045 wurde diese Vita von Ekkehart IV. bearbeitet und nach der Kanonisation um 1075 von Herimannus in einer neuen Fassung dem Zeitgeschmack angepasst. Während der Text von Ekkehart I. nur noch ausserhalb St. Gallens erhalten ist (in Stuttgart und Augsburg), besitzt die Stiftsbibliothek heute noch drei mittelalterliche Handschriften der Version von Herimannus (Cod. Sang. 560, 564 und 610).[69]

Im Lauf der Zeit verdichtete sich das rituelle Gedenken weiter, unter anderem mit Kalendereinträgen, der Aufnahme in die Heiligenlitanei, Messformularen, einer Sequenz, einem Hymnus und einer Offiziendichtung.[70] Im Brauchtum entstand das Ritual des Wiboradaweins.[71] Persönliche Gegenstände blieben im Wiborada-Kloster in St. Gallen-St. Georgen erhalten und kamen von dort 1834 ins Kloster Glattburg.[72] In der Stadt erinnern noch der Wiboradabrunnen bei St. Mangen und die Frauenbibliothek Wyborada an die Heilige.

In den Lebensbeschreibungen gibt es neben der Ungarnepisode weitere Themen, die Wiborada mit dem Galluskloster und seiner Bibliothek verbinden: So war ihr Bruder Hitto Mönch im Kloster und Priester von St. Mangen, wo sich die Zelle der Reklusin befand. In jungen Jahren fertigte Wiborada für den Konvent «schöne Umschläge zum Einbinden der heiligen Bücher» an. Ausserdem sind Kontakte mit dem gelehrten Mönch und Dichter Waldram überliefert, der 905–909 als Bibliothekar bezeugt ist. Waldram war gemäss Ekkehart I. der erste, dem Wiborada von ihrer Vision zum Ungarneinfall berichtete.[73]

Wiborada war nicht nur Retterin der Bibliothek, sondern auch Leserin. Ekkehart I. schildert, wie ihre Ungarnvision in einem Moment der Lektüre einsetzte: «Eines Tages sass die Selige nach der Feier der Messe … am frühen Nachmittag in gewohnter Weise beim Psalmensingen. Da faltete sich der aufgeschlagene Psalter, der vor ihr lag, plötzlich von selbst zusammen. Ihr Haupt sank nieder, und sie schlief ein.»[74]

Supficies qq subalternū gen̄ ē· Cui species s̄· circu
lus· trigonū· tetragonū· pentagonū exagonū·
et deinceps inhunc modum·

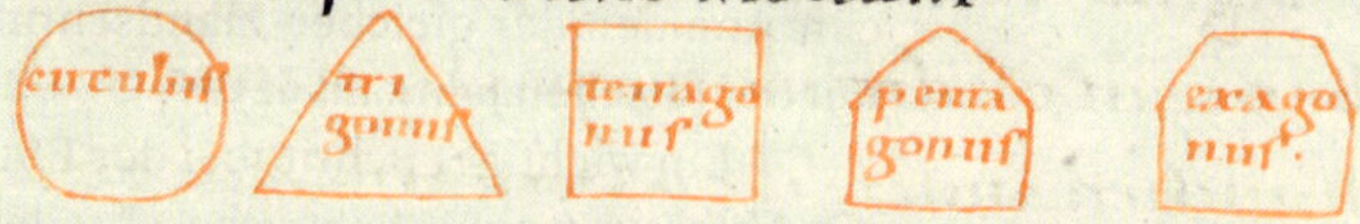

Harū quoq; figurarū s̄ plurimę species· ut trian
guli species s̄· rectū· acutū· obtunsū· inhunc mo

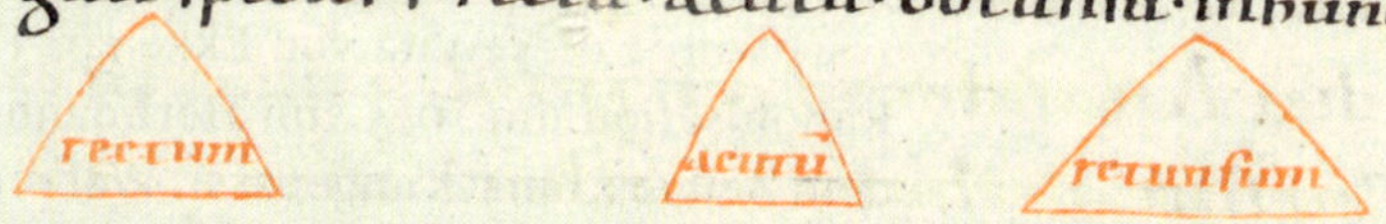

Quę ingeometrica discendę s̄· Solidū corpus sub
alternū similiter ē· Species ei9 s̄· spera· i· species
rotunda· piramida· cubus· inhunc modū·

Locus n̄ uidetur genus ēē· Dubitatur qq an speci
es dici debeat· Nā si totus mundus unū corpus
ē· locū qq tantū unū hab& omia deinde qu
inueniunt̄ ineo· i· inmundo· partes ei9 s̄· in
quib; & partes loci sunt· Adhunc modum·
locus qđda indiuiduū ē· & n̄ potest species
dici· Si aū tot loca sunt quot corpora· magis
uidet̄ locus ēē species· & habere indiuidua
singulę corpę loca· Quid aū tempus· Tem
pus ē ptractū spaciū abinitio mundi· usq;
adfinē· qđ quia ētinuū est· n̄ potest speci
es dici· sed qđda indiuiduū· cui partes s̄

Zeichnung und Erklärung geometrischer Figuren (Geraden und Kurven, Kreis und Polygone sowie Körper) nach Aristoteles in der althochdeutschen Übersetzung der *Kategorien* durch Notker den Deutschen.

St. Gallen, Stiftsbibliothek
Cod. Sang. 818, S. 62
Pergament, 296 Seiten
27 × 19 cm
Kloster St. Gallen,
11. Jh.

Notker der Deutsche als Aristoteles-Pionier

Der wohl bedeutendste Gelehrte, der die Klosterbibliothek um die Jahrtausendwende benutzte, war Notker der Deutsche (um 950 – 1022). Als Lehrer an der Klosterschule beschäftigte ihn die Vermittlung des anspruchsvollen lateinischen Stoffs an seine Schüler. So wurde er zum bedeutendsten Übersetzer ins Deutsche vor Luther. Seine Leistung als Pionier der deutschen Sprache und Wortschöpfer ist immens, selbst wenn nur etwa die Hälfte seines Werks erhalten ist. Dessen gesamten Umfang können wir aus einem Brief Notkers an Bischof Hugo von Sitten (998–1017) erschliessen.[75] «Notker von St. Gallen bildet Höhepunkt und Abschluss der althochdeutschen Übersetzungsliteratur. In ihm wird erstmals in der Geschichte des Deutschen Übersetzung zur Literatur», fasst Stefan Sonderegger seine Bedeutung zusammen.[76]

Zu den entscheidenden Ereignissen der europäischen Geistesgeschichte gehört der Aufschwung der Philosophie von Aristoteles ab dem 11. Jahrhundert. Damit bekam die Entwicklung des Denkens, der Universitäten, ja der Gesellschaft insgesamt eine neue Richtung: die Scholastik enstand. Sie begriff die Welt als System, welches mit Hilfe von Kategorien und logischem Denken beschrieben werden konnte. Dieser Ansatz stellte die materielle Erscheinung der Welt in den Vordergrund, im Gegensatz zu Platon und Augustinus, bei denen der Mensch in seiner Freiheit und Verantwortung im Zentrum stand. Der Aristotelismus prägt uns bis heute durch Rationalismus, Naturwissenschaften und Technik.[77] Inzwischen wirkt der dadurch geförderte materielle Fortschritt mit seiner Eigendynamik jedoch bedrohlich, und es stellen sich Sinn- und ethische Fragen neu, wie sie im Platonismus und in der christlichen Philosophie im Vordergrund standen.

Im Frühmittelalter dominierte eher das Augustinische. Die Wissenschaft war in den Glauben eingeordnet und bildete kein eigenes System. Nur ein Teil der Werke von Aristoteles war über lateinische Übersetzungen von Boethius und Porphyrius greifbar, die sogenannte *Logica vetus,* die aus den *Kategorien* und *De interpretatione* bestand. Notker übersetzte diese Texte nun erstmals ins Deutsche und kommentierte sie lateinisch und althochdeutsch. Er wurde damit der erste Aristoteles-Kommentator des Mittelalters und kann als Vorläufer und Vorbereiter der Scholastik angesehen werden.[78]

Notkers kommentierende Übersetzung der *Kategorien* basiert auf einer Boethius-Handschrift, die er in der Bibliothek vorfand (Cod. Sang. 817, S. 6–38 und S. 44–202). Die ausgestellte Fassung mit Notkers Text (Cod. Sang. 818) stammt aus dem 11. Jahrhundert. Daneben gibt es eine zweite, etwa gleichzeitige fragmentarische Überlieferung (Cod. Sang. 825, S. 275–338, bis Buch 4, Kapitel 11).[79] Die Abbildung zeigt eine Zusammenstellung von geometrischen Figuren und Erklärungen dazu.

Africo Alpes penninas · Aboccasu galliam belgicam · Acircio danubii fontem · & limitem qui germaniam agallia int danubium galliamq; secernit · Aseptentrione danubium & germaniam · XX ·

Italiae situs · Acircio ineurum tenditur · habens Abafrico tyrrenum mare · Aborea Adriaticũ sinum · Cuius ea pars · quae continenti terrae communis & contigua est · Alpium obicib; obstruitur · Quae Agallico mari sup ligusticum sinũ exsurgentes · primũ narbonensium fines · deinde galliam rhetiamq; secludunt · donec in sinu liburnico defigant · XXI ·

Gallia belgica · hab& Aboriente limitem fluminis rheni · & germaniam · Abeuro · hab& Alpes penninas · Ameridie puinciã lugdunensem · Aboccasu · puinciam narbonensem · Acircio oceanum britannicum · Aseptentrione brittanniã insulam · XXII ·

Gallia lugdunensis · ducta per longum & pangustũ inflex Aquitaniam puinciam semici[ngit] · Haec Aboriente hab& galliã belgicam · Ameridie partem puinc[iae] narbonensis · qua arelas ciuitas sita est · & ubi mari gallico rhodani flumen accipitur · X[XIII]

Narbonensis puincia pars gallarum · hab& Aboriente Alpes co[t]tias · Aboccidente spaniam · A circio Aquitaniam · Aseptentrione lugdunensem · Abaquilone bellgicam galliam · Ameridie mare gallicum · quod ē int sardiniam & insulas baleares · habens infronte qua rhodanus fluuius in mare exit · insulas stoechadas

Aquitanica puincia · obliquo cursu ligeri fluminis · qui ex plurima parte terminus ei' in orbem agitur · Haec acircio oceanum · qui aquitanicũ sinus dicit · Aboccasu spanias hab& · Aseptentrione & oriente lugdunensem · Abeuro & meridie · narbonensem prouinciam contingit · XXV ·

Spania uniuersa · terrarũ situ

Geographische Beschreibungen im St. Galler Orosius, mit Kommentaren und einer Zeichnung Ekkeharts IV. zwischen und neben den Zeilen.

St. Gallen, Stiftsbibliothek
Cod. Sang. 621, S. 42
Pergament, 356 Seiten
34.5 × 26 cm
Kloster St. Gallen, vor 883,
Glossen Ekkeharts IV.
um 1020/1060

Ein Universalgelehrter des 11. Jahrhunderts

Der letzte grosse Vertreter des st.gallischen Geisteslebens im Frühmittelalter war Ekkehart IV. († um 1060). Von allen Benutzern der Bibliothek hat er am meisten Spuren hinterlassen, in Form vieler tausend sogenannter Glossen, das sind Anmerkungen, die er in seiner charakteristischen Handschrift zwischen und neben die Zeilen vieler Manuskripte schrieb.[80]

Ekkehart IV. war ein Schüler Notkers des Deutschen, den er sehr verehrte. Seine Fortsetzung der *Casus sancti Galli* von Ratpert (vgl. S. 36–37), in der er detailreich und mit vielen Anekdoten gespickt das Goldene Zeitalter des Klosters vom 9. bis 10. Jahrhundert Revue passieren lässt, gehört zu den schönsten erzählenden Werken des Mittelalters. Auch wenn Ekkeharts Bericht nicht immer in allen Details zuverlässig ist, bildet er doch eine unschätzbar wertvolle Quelle für die Geschichte St. Gallens. Die Wertschätzung für diesen gebildeten und vielseitig interessierten Geschichtsschreiber ist jedenfalls heute wieder grösser als im oft übertrieben kritischen und gelegentlich antiklerikalen 19. Jahrhundert.[81]

Der vielseitig interessierte Ekkehart konnte in der Bibliothek, die ihm offensichtlich ohne Einschränkung frei zur Verfügung stand, aus dem Vollen schöpfen und sie für seine eigene Produktion nutzen. Seine eigenhändigen Anmerkungen in den Manuskripten sind heute wertvolle kulturhistorische Zeugnisse. Sie dokumentieren nicht nur den Stand des Wissens jener Zeit im Allgemeinen und im Kloster St. Gallen, sondern auch das rastlose Forschen, kritische Hinterfragen und Weiterdenken eines der interessantesten Gelehrten des 11. Jahrhunderts. Zudem sind sie als Autographen eine Seltenheit.

Unter den historischen Werken der Bibliothek fand Ekkehart auch die *Historiae adversum paganos*, die Weltgeschichte des Spaniers Orosius von um 417, der dazu von Augustinus angeregt worden war. Ziel des Werks war es, eine christliche Sicht auf die Geschichte zu definieren, so wie es Augustinus mit seinem Werk *De civitate Dei* für die Gesellschaft insgesamt getan hatte.[82]

Heidi Eisenhut hat die Glossierung der Handschrift eingehend untersucht und auf den 356 Pergamentseiten insgesamt 8852 Einträge gezählt.[83] Die Abbildung zeigt nebst Anmerkungen zwischen den Zeilen am linken Textrand eine einfache Italienkarte, mit der Ekkehart den Text veranschaulichte. In der Mitte ist Rom mit einem Gebäude dargestellt. Links unten und rechts oben sind in Form blasender Gesichter die Winde *Circius*, ein scharfer Nordwestwind, und *Eurus*, ein Südostwind, erkennbar. Beide sind im Text von Orosius erwähnt *(Italiae situs a circio in eurum tenditur)*. Bei genauer Betrachtung sieht man weitere Einzelheiten: den Apennin mit zwei Gebirgskettengliedern und die Alpen als geschlossenen Riegel, ausserdem einen See (Gardasee?), bei Rom den Tiber und im Norden vielleicht den Po.[84]

5

Bibliotheksbenutzung im Hoch- und Spätmittelalter

Philipp Lenz

Die Geschichte des Klosters St. Gallen im Hoch- und Spätmittelalter lässt sich schematisch in eine Zeit der Verweltlichung und des langfristigen wirtschaftlichen, religiösen und kulturellen Niedergangs und in eine Zeit der Reformen und des langsamen Wiederaufstiegs unterteilen. Der Niedergang des Klosters nach dem 12. Jahrhundert äusserte sich in der Teilnahme an ressourcenraubenden politischen und militärischen Auseinandersetzungen, der Entfremdung und der Veräusserung von Gütern und Rechtstiteln, der Auflösung des gemeinschaftlichen Lebens und des Gemeinbesitzes, der Beschränkung des Konvents auf einige wenige Konventualen adliger Herkunft und der Übertragung des Gottesdiensts an Weltkleriker.

Als Wendepunkt gilt das Konzil von Konstanz (1414–1418), das entscheidende Anstösse für die Klosterreformen gab. Danach wurden die Privathäuser zugunsten von Gemeinschaftsbauten aufgegeben, der an Konventämter gebundene Pfründenbesitz in Gemeineigentum überführt, die Klosterrechte und -besitzungen gesichert, vermehrt und verzeichnet und das Klosterleben und die Liturgie erneuert.[85]

Das Bücher- und Bibliothekswesen spiegelt diese zwei Phasen der St. Galler Klostergeschichte wider. Aus dem 13. und 14. Jahrhundert sind mit wenigen Ausnahmen keine im oder für das Kloster St. Gallen geschriebenen Handschriften bekannt. Erst im Lauf des 15. Jahrhunderts wurden wieder vollständige Handschriften in grösserer Anzahl spezifisch im oder für das Galluskloster geschaffen. In diese Zeit fallen auch die Neubindung zahlreicher alter Handschriften, die Neuorganisation der Bibliothek und die Verzeichnung der Bücher in einem Katalog.[86]

Im 15. Jahrhundert lag die eigentliche Klosterbibliothek im sogenannten Hartmutturm. Den frühesten Nachweis für die Aufbewahrung der Bücher in einem Turm liefern die Briefe der italienischen Humanisten um Poggio Bracciolini († 1459) anlässlich ihres Besuchs 1416 und 1417. Berühmtheit erlangten ihre stilisierten und dramatischen Schilderungen des Turms beziehungsweise der Bibliothek als dunkler Kerker und der Bücher als erbarmungswürdige Gefangene, die es zu befreien und ans Licht zu bringen gälte.[87]

Wie üblich wurden die liturgischen Handschriften nicht in der eigentlichen Bibliothek, sondern in unmittelbarer Nähe zu ihrem Gebrauchsort, konkret im Münster, in der dortigen Sakristei und in geringerem Ausmass in weiteren Kapellen des Klosterbezirks verwahrt. Die 1480 gestiftete Münsterprädikatur war ebenfalls mit eigenen Büchern ausgestattet. Schliesslich lagen weitere Handschriften in der äbtlichen Pfalz und in den Zellen mindestens einiger Mönche. Begünstigt wurde diese Art der individuellen Nutzung und des individuellen Besitzes von Büchern dadurch, dass in der zweiten Hälfte des 15. Jahrhunderts Einzelzellen (mit Fenstern) im Galluskloster aufkamen.[88]

eorum· sed & cadauera angeli custodiant·
Promissa tua redemptor sci· quis dubitare
potest· qui humanum genus perire non per
mittis·

Dum medium silentium tenerent legis apices & littere dominium
regnaret apud simplices extendens pater brachium excussit legis codi
ces regnum & sacerdotium reliquit iuri iudices - De tenebris histo
rie processit sol iustitie·

Si purus homo fieret redemptor & non alius redemptus homo
crederet deo quiddam potentius eique genu flecteret & prauitas
subiectius culture ius impenderet quod nichil esset melius - De ten
Modo fortassis alio mundus mundari potuit/ quam passo dei filio
sed nullus ita congruit nam mortis exterminio uita mederi
debuit & curari contrario contrarium opportuit· De tenebris·
Hec est fides katholica quam heresis non lacerat hec est quam
uox prophetica totam in rota texerat prioris analetica dum re
soluit & reserat quod sub lege mosayca ueritas occultauerat·
De tenebris hystorie

Ergänzungen des 13. Jahrhunderts in einer Handschrift des 10. Jahrhunderts: Ab Zeile 5 Hymnus *Dum medium silentium*, die ersten vier Zeilen mit Neumen.

St. Gallen, Stiftsbibliothek Cod. Sang. 551, S. 49
Pergament, 450 Seiten, 19 × 14.5 cm
Kloster St. Gallen, 10. und 13. Jh.

Die Benutzung im 13. und 14. Jahrhundert

Die Verweltlichung des Klosters, die Aufgabe des gemeinschaftlichen Klosterlebens, die Wohnsitznahme in eigenen Häusern, die Zerstückelung des Gemeinbesitzes in Pfründen, die Beschränkung der Anzahl Konventualen auf einige adlige Sprösslinge und der Rückgang der Schreibfähigkeit führten zum geistlichen und kulturellen Niedergang des Klosters.[89] Ein Teil der liturgischen, administrativen und schulischen Aufgaben wurde im 13. Jahrhundert Weltklerikern übertragen, welche dafür vom Kloster entschädigt wurden. Die gottesdienstlichen Pflichten dieser Weltgeistlichen beschränkten sich nicht auf die ihnen zugewiesenen Kapellen im Klosterbezirk, innerhalb und vor der Stadt. Vielmehr mussten sie an Festtagen Messen, Prozessionen und Vespern im Münster abhalten und teilweise sogar das klösterliche Stundengebet unterstützen.[90] Es erstaunt nicht, dass aus dem 13. und 14. Jahrhundert nur einzelne im Kloster geschriebenen Handschriften und kein Bibliothekskatalog bekannt sind.

Trotz dieser Entwicklung kam das religiöse und geistige Leben nicht völlig zum Erliegen. Das zeigen zum Beispiel die Vita von Notker Balbulus in Cod. Sang. 556, S. 325a–358b, eine Neuschöpfung aus dem ersten Drittel des 13. Jahrhunderts, und das Antiphonar Cod. Sang. 389, das im letzten Drittel des 13. Jahrhunderts auf der Grundlage des älteren Hartker-Antiphonars Cod. Sang. 390 und 391 geschrieben wurde.[91] Häufiger sind jedoch Nachträge auf Seitenrändern, leeren Seiten und hinzugefügten Blättern in älteren Handschriften. Bei den Nachträgen handelt es sich zum Beispiel um einzelne Gesangsstücke (Cod. Sang. 571, S. 265, 274), Angaben zur Liturgie (Cod. Sang. 391, S. 1), Einträge zur Geschichte, zum Totengedenken (Cod. Sang. 453) und zum Klosterbesitz (Cod. Sang. 390, S. 4).[92] Gerade in der Liturgie, der Kirchenmusik und der Heiligenverehrung stellen solche Nachträge manchmal bedeutende Neuerungen und Repertoire-Erweiterungen dar.[93] Dass man die Bücher in grösserem Umfang benutzte, beweist der Besitzeintrag *Liber sancti Galli* («Buch des heiligen Gallus»), der jeweils oben auf der ersten Seite zahlreicher älterer Handschriften im 13. Jahrhundert eingetragen wurde.[94]

Die ausgestellte Sammelhandschrift mit Lebensbeschreibungen merowingischer und fränkischer Heiliger stammt aus dem 10. Jahrhundert. Auf der ersten Seite steht der Besitzeintrag *Liber sancti Galli* aus dem 13. Jahrhundert. Aus derselben Zeit und vielleicht von demselben Schreiber stammen zwei Einträge auf halbleeren Seiten in und am Schluss der Vita des heiligen Lambert. Auf Seite 49 befindet sich der zu Beginn neumierte Hymnus *Dum medium silentium*, auf Seite 59 der Marienhymnus *O nobilis virginitas*. Ersterer wird dem berühmten Dichter Walter von Châtillon († um 1190) zugeschrieben.[95]

Die Klosterbibliothek und die Humanisten

Die Konzilien von Konstanz (1414–1418) und von Basel (1431–1449) sind nicht nur für die Kirchengeschichte, sondern auch für die Verbreitung des Humanismus nördlich der Alpen von grosser Bedeutung. Sie dienten als Bücherumschlagplätze, ermöglichten den Gedankenaustausch unter humanistischen Gelehrten in Diensten der Konzilsväter und boten den Humanisten die Möglichkeit, in den Klosterbibliotheken nördlich der Alpen nach Handschriften mit antiken Werken zu suchen.[96]

So erstaunt es nicht, dass auch die Bibliothek des Klosters St. Gallen das Interesse und die Begierde humanistischer Gelehrter weckte. Während des Konstanzer Konzils besuchten Poggio Bracciolini, Cencio de' Rustici und Bartolomeo Aragazzi da Montepulciano im Juni oder anfangs Juli 1416 die Klosterbibliothek. Erstere berichteten in ihren nicht deckungsgleichen Briefen, dass sie Valerius Flavius' *Argonautica*, Asconius' und Pseudo-Asconius' Kommentare zu Reden Ciceros, Laktanz' *De ira dei et opificio hominis*, Vitruvs *De Architectura*, Priscians *Partitiones XX versuum Aeneidos principalium* und Quintilians *Institutio oratoria* entdeckt hätten. Gemäss einem weiteren Brief fanden Poggio und Bartolomeo bei ihrem zweiten Besuch im Januar 1417 in St. Gallen Vegetius' *De veteri disciplina rei militaris* und einen Auszug des Paulus Diaconus aus Pompeius Festus' Werk *De verborum significatu*.[97]

Poggios St. Galler Quintilian stellte einen wichtigen Fund dar, denn bis dahin war die *Institutio oratoria* nur unvollständig bekannt. Es handelt sich dabei wohl um Zürich, Zentralbibliothek, Ms. C 74a, eine Handschrift aus dem 10. oder 11. Jahrhundert. Alle übrigen in den Berichten erwähnten Handschriften sind nicht mehr erhalten.[98]

Vom andauernden Renommee der St. Galler Bibliothek zeugt der Besuch von Enea Silvio Piccolomini, dem späteren Papst Pius II., im Jahr 1449.[99] Sodann nutzte Sigismund Meisterlin, der Augsburger Frühhumanist und Konventuale von St. Ulrich und Afra, die Bibliothek, als er 1462 wohl längere Zeit im Kloster St. Gallen weilte.[100] Schliesslich durchforschte sie der St. Galler Bürgermeister und Reformator Joachim von Watt zwischen 1509 und 1532 mehrmals nach historischen, hagiographischen, juristischen und althochdeutschen Texten und lateinischen Versdichtungen des Mittelalters, die er annotierte, herausgab und auswertete.[101]

Die St. Galler Konventualen griffen in der zweiten Hälfte des 15. Jahrhunderts auf alte Handschriften zurück, um die eigene Vergangenheit wiederzubeleben und dadurch die Identität des Klosters zu stärken. Ihr Hauptinteresse galt den Hausheiligen, der Klostergeschichte und den Sequenzen des Notker Balbulus.[102] Der Humanismus entfaltete damals – trotz sporadischer individueller Interessen – im Kloster selber keine Breiten- und Tiefenwirkung.[103]

Beginn des ersten Buchs von Quintilians *Institutio oratoria*.

Zürich, Zentralbibliothek
Ms. C 74a, Bl. 4r
Dauerleihgabe in der Stiftsbibliothek St. Gallen
Pergament, 304 Blätter, 25 × 19.5 cm
Kloster St. Gallen, 950/1050

re perito studio ptinaci scribendi legendi dicendi multa & con
tinua exercitatione. p se nihil prosunt. QUEMADMODUM PRI
MA SIT IMINTA TRADINDA SUNT.

Igitur nato filio. pater spem de illo primum quam optimam capiat.
ita diligentiorá principiis fi&. Falsa enim ē querela paucissi
mis hominibus uim pcipiendi que tradantur esse concessam. ple
rosq; uero laborem ac tempora tarditate ingenii pdere. Nam
contra plures repperias & faciles in excogitando & addiscendum
promptos. Quippe id ē homini naturale. ac sicut aues ad uola
tum. equi ad cursum. ad seuitiam fere gignuntur. ita nob pro
pria est mentis agitatio atq; sollertia. Unde origo animi cae
lestis creditur. Hebetes uero & indociles non magis secdm natu
ram hominis eduntur. quam paradigiosa corpora & monstris
insignia. Sed hii pauci admodum fuerint. argumentum quod in pu
eris eluc& spes plurimorum. que cum emoritur aetate. manifestum
est non naturam defecisse sed curam. Prestat tamen ingenio ali
us alium concedo. sed plus effici& aut minus. nemo tam reperitur
qui sit studio nihil ē secutus.

Hoc quippe ptinus ut erit parens factus. acrem quam maxime
curam spei futuri oratoris impendat. ante omnia. ne sit uitio
sus sermo nutricibus. quas si fieri poss& sapientes chrisippus op
tauit. Certe quantum res pateretur optimas eligi uoluit.
Et morum quidem in his haud dubie prior ratio est. Recte tamen
&iam loquantur. Has primum audi& puer. harum uerba effinge
re imitando conabitur. Et natura tenacissimi sumus eorum

Der Standortkatalog von 1461

Nach fünf beziehungsweise sechs Jahrhunderten wurde – der Überlieferung nach zu urteilen – 1461 erstmals wieder ein Bibliothekskatalog für das Kloster St. Gallen angelegt. Dieser Katalog setzte den vorläufigen Schlusspunkt unter zahlreiche Massnahmen, die der Instandsetzung und der Neuorganisation der Klosterbibliothek dienten und mehrheitlich in die Regierungszeit des Pflegers und Abts Ulrich Rösch (1457–1491) fielen. Zu nennen sind die Ausbesserung von ungefähr vierzig und die Neubindung von über 130 älteren Handschriften von ca. 1458 bis 1461, die Herstellung von Bücherregalen sowie zwei Kloster- und Ämterordnungen von 1467 bis 1470, die den Zugang zur Bibliothek und die Pflichten des Bibliothekars regelten. Diese Massnahmen stehen im Zusammenhang mit den Klosterreformen des 15. Jahrhunderts und besonders mit deren Bemühungen, die Verwaltung und die Sicherung des Besitzes des Klosters zu verbessern.

Das nur fragmentarisch erhaltene Bücherverzeichnis setzt sich aus zwei Doppelblättern zusammen, die zwei Einbänden als Buchumschläge dienten, bevor sie an der Wende vom 18. zum 19. Jahrhundert abgelöst wurden. Der Katalog verzeichnet die Bücher nach Sachgruppen beziehungsweise nach Autoren. Er beginnt mit den Bibeln, führt über die Kirchenväter, Homilien, Bibelauslegungen und Mönchsregeln zur Geschichtsschreibung, zum Kirchenrecht und zum römischen Recht und endet mit der Medizin, den Freien Künsten und der Dichtung. Den Bucheinträgen im Katalog ist jeweils eine Signatur aus Buchstabe und arabischer Ziffer vorangestellt, die ebenfalls auf dem Rücken der Einbände steht und das Auffinden der Bücher erleichterte.

Mit Hilfe der Signaturen lässt sich die Anzahl der einzeln verzeichneten Bücher im ursprünglichen Standortkatalog auf 547 veranschlagen. Hinzu kommen weitere, wohl bescheidenere, kleinere und weniger wichtige Handschriften mit Texten der Medizin, der Freien Künste und der lateinischen Dichtung, die nicht einzeln notiert wurden. Daraus ergibt sich ein Bestand von mindestens 560 bis 570 Büchern in der Klosterbibliothek von 1461.

Nach 1461 wuchs der Bestand bis ans Jahrhundertende vor allem durch Büchernachlässe und -stiftungen, in kleinerem Umfang auch durch gezielte Neuerwerbungen, Auftragsarbeiten und eigene Abschriften an. Unter Ersteren stechen die Büchersammlungen des Weltpriesters Matthias Bürer († 1485) und des St. Galler Konventualen Gallus Kemli († 1480/1481) mit je ungefähr 30 Bänden sowie die Juristenbibliothek des St. Galler Konventualen Johannes Bischoff († 1495) mit 12 bis 17 Handschriften und mehreren Inkunabeln hervor.

Eine fragmentarische Ausleihliste von ca. 1490 belegt, dass die Konventualen die Bibliothek tatsächlich nutzten.[104]

Ein Doppelblatt des fragmentarischen Bibliothekskatalogs.

**St. Gallen, Stiftsbibliothek
Cod. Sang. 1399, S. 1/8
Pergament,
2 Doppelblätter,
38 × 58.5 cm
Kloster St. Gallen, 1461**

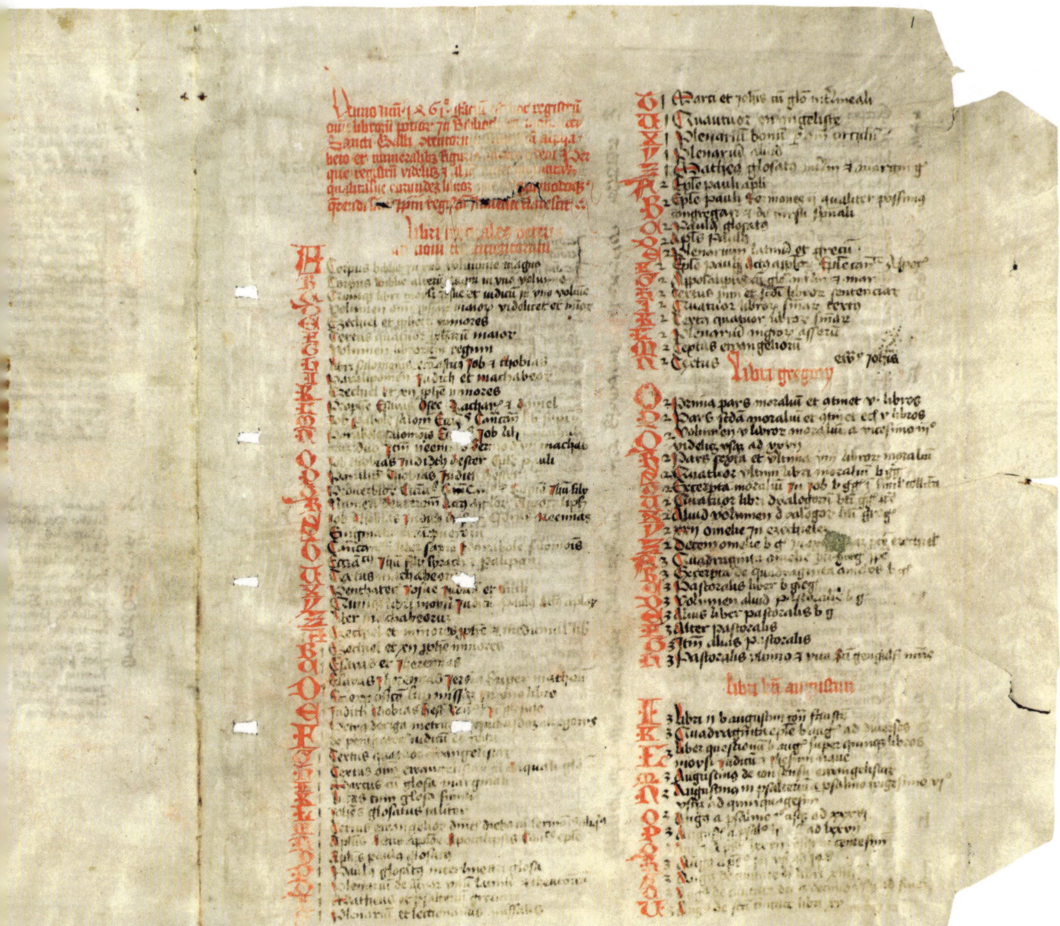

6

Renaissance-Bibliothek

Karl Schmuki

Es verging einige Zeit, bis sich das Kloster St. Gallen von den Nachwehen der Reformation und der zeitweiligen Vertreibung der Mönchsgemeinschaft aus der reformiert gewordenen Stadt St. Gallen (1529–1532) erholt hatte. Nach der Rückkehr des neuen Fürstabtes Diethelm Blarer (1530–1564) Ende Februar 1532 mussten Gebäude instand gestellt, saniert, neu errichtet und geweiht werden. Die Wiederherstellung der Herrschaft auf dem Gebiet der Fürstabtei St. Gallen, vor allem die veränderten und schwierig werdenden konfessionellen Verhältnisse im Toggenburg, beanspruchten prioritär die Kräfte des jungen Abtes. So konnte dieser erst 1551 daran gehen, ein neues Bibliotheksgebäude zu errichten (Cod. Sang. 1253).

In der Handschriftensammlung der Stiftsbibliothek St. Gallen befinden sich nicht nur berühmte mittelalterliche Kostbarkeiten. Auch nach 1532 wuchs die Zahl der Manuskripte mehr oder weniger konstant an. Einerseits gelangten handgeschriebene Bücher aus dem eigenen Haus in die Sammlung (liturgische Bücher, historiographische Werke, Vorlesungsnachschriften von St. Galler Mönchen an auswärtigen Universitäten, panegyrische Schriften etc.). Andererseits konnten die Verantwortlichen aber auch von auswärts interessante Handschriften akquirieren. 1699 kamen drei Kodizes aus dem Klarissenkloster Freiburg im Breisgau nach St. Gallen, und 1739 reihte man eine textgeschichtlich wichtige Abschrift der Dichtung «Der Trojanerkrieg» des Konrad von Würzburg in die Bibliothek ein.[105] Die bedeutendsten Handschriftenerwerbungen jener Epoche stammen von 1768 bzw. 1780/1782. Im Jahr 1768 konnte das Kloster St. Gallen 121 Bände und Konvolute aus dem Büchernachlass des Glarner Humanisten Aegidius Tschudi (1505–1572) erwerben, darunter die Nibelungenhandschrift B (Cod. Sang. 857). Über achtzig Handschriften gelangten 1780/1782 tauschweise aus Frauenklöstern der Gegend nach St. Gallen.

In grösserem Umfang wurden im Kloster gedruckte Werke erst nach der Fertigstellung der Renaissance-Bibliothek angeschafft. Unter Abt Otmar Kunz (1564–1577) wurde ein bedeutender Grundstock gelegt: Zwei in Paris studierende St. Galler Mönche, Mauritius Enk und Joachim Opser, erwarben Hunderte von Büchern fürs Kloster. Die Bibliothek wuchs kontinuierlich weiter, so dass in St. Gallen bereits 1712 eine ansehnliche Bibliothek von gegen 15'000 Bänden mit Büchern aus allen Wissensgebieten bestand. In den Wirren des Toggenburgerkriegs (1712–1718; vgl. S. 79–89) gab es für St. Gallen schmerzhafte Bücherverluste. Aber die letzten vier Äbte[106] wandten der Bibliothek zwischen 1718 und 1798 mit reichen Büchererwerbungen und vor allem auch mit dem Bau des Barocksaals (1758/1767) stets ein Hauptaugenmerk zu. Im Frühling 1797 belief sich die Zahl der Bände auf gegen 20'000.

Die Renaissance-Bibliothek von 1551/53

Nach reiflicher Überlegung fasste der St. Galler Abt Diethelm Blarer (1530–1564), ein grosser Liebhaber der Wissenschaften, im Jahr 1551 mit Zustimmung seines Konvents den Entschluss, ein eigenständiges Bibliotheksgebäude zu errichten. Bereits Abt Franz Gaisberg (1504–1529) hatte erwogen, den Hartmutturm als hauptsächlichen Bücherstandort durch einen Neubau zu ersetzen, die Pläne jedoch nicht in die Tat umgesetzt. Die neue Klosterbibliothek entstand ab Sommer 1551. Im Jahr 1553 waren die Arbeiten weitestgehend abgeschlossen: Es ist von der Bemalung von drei Türen der *Liberey* durch einen jungen Meister namens Hagenbuch die Rede. Die zweistöckige Renaissance-Bibliothek kam auf den damals noch unbebauten Platz ungefähr an jene Stelle zu stehen, wo sich der heutige Bibliotheksbau befindet.

Sie muss auch recht hübsch gewesen sein *(in einem zimlich ... schönen Zimmer)*[107]; allerdings war der Raum wesentlich kleiner als der Saal von heute. Bibliothek und Archiv lagen direkt nebeneinander. Wie das Gebäude von aussen ausgesehen hat, vermittelt eine kleine Malerei auf der emblematisch-allegorischen Elogientafel für Fürstabt Diethelm Blarer im Korridor der Bibliothek. Aus dem 1758 abgerissenen Bibliotheksbau haben sich auch zwölf polychrome Schlusssteine aus dem Jahr 1552 erhalten, welche den kreuzgewölbten Raum schmückten. Sie wurden 1954 im südlichen Kreuzgangflügel gefunden und sind seit 1979 im Lapidarium im Gewölbekeller der Stiftsbibliothek ausgestellt. Acht davon zeigen Familienwappen und Initialen der damals im Galluskloster lebenden Konventherren, je zwei pro Stein.[108]

Die feierliche Grundsteinlegung der Renaissance-Bibliothek fand am 6. Juli 1551 statt und ist zeitgenössisch in der dreiteiligen Sammelhandschrift Cod. Sang. 1253 beschrieben (vgl. Abbildung).[109] Abt Diethelm ging in Begleitung aller Konventualen, der Patres und Fratres, der Novizen und der Laienbrüder, auf den vorgesehenen Bauplatz, trat zuerst selbst in die Grube des zwei Mann tiefen Fundaments[110] und legte drei Kieselsteine auf die Erde, über welche er den Grundstein setzte. Alle taten es in der Folge dem Abt gleich, indem «sie in lieblichem Einklang Psalmen sangen und Gebete sprachen» *(cum solemnitatibus orationibus et psalmis)*. Am Ende erteilte Abt Diethelm den Segen. Zur Erinnerung an diesen Tag erhielten alle Handwerker, Steinhauer, Bauarbeiter und die übrigen Taglöhner Rotwein (zehn Mass), drei Brote und je sechs Batzen und feierten ein fröhliches Fest *(cum hilaritate et gaudio magno)*. Die Schilderung der Grundsteinlegung nennt die Namen sämtlicher Teilnehmer, die dem feierlichen Zeremoniell beiwohnten.[111]

Der Anfang des Berichts über die Grundsteinlegung der Renaissance-Bibliothek am 6. Juli 1551.

St. Gallen, Stiftsbibliothek
Cod. Sang. 1253, S. 131
Papier, 194 Seiten,
21,5 × 16 cm
Kloster St. Gallen,
1551/1571

De Exstructura Bibliothece Monasterii divi Galli in horto post Xenodochium posita

Geschicht im anno 1551

Noverint Universi et Singuli, postquam Reverendus dnus dnus Diethelmus (dei gra) abbas Monasterii divi galli, sibi ex animi desiderio matura deliberatione, et in comodum ac Utilitatem prefati Monasterii sancti galli, precipue in incrementum honoris, glorie et Laudis altissimi Dei creverat Bibliothecam quandam Intra muros Monasterii, et in horto post Xenodochium erigendam, et edificandam. Quod bene memoratus dnus abbas in octava petri et pauli aptorum, que est sexta dies presentis mensis Julii, Circa horam quartam post meridiem. Anno millesimo quingentesimo quinquagesimo primo, Una cum decano, Conventualibus presbiteris, Diaconis, Subdiaconis, et ordinis expresse professis, ac Novitiis, simo Scolaribus, Sacellanis, fratribus, pthartochrophis sancti Othmari nec non Secularibus officiariis, quotquot eorundem prefata hora

iemen chunde gesagen. sehs unt ahzech vro
wen sach man da für gan. di gebende trů
gen zv Crimhilde dan.
Chomen di vil schone unt trugen lihtiv klėit.
da chom ouch gecieret manich wætlichiv
meit. funpfcech unt viere von Bůrgunde
lant. ez waren ouch di hohsten di man
da inder vant.
Di sach man da wilvahse vnder liehten por
ten gan. des ė der chunich gerte daz
wart mit vlize getan. si trugen richen
pfellel di besten di man vant. vor den
vremden recken so manich gůt gewant.
Daz ir geivge shone ce rehte wol ge
zam. er wære in swachem mute der ir
deheiner wære gram. von zobel unt von
harme vil man da chleider vant. da wart
vil wol gecieret manich arm unt hant.
Mit pougen ob den siden di si da solden tra
gen. iv enchunde diz vlizen ce ende niemen
gesagen. vil manigen gůrtel spæhen rich
unt lanch. uber liehtiv chleider vil ma
nich hant do swanch. Vf edel roche
ferrans von pfelle vz Arabi. den edelen
iunchvrowen was vil hoher freuden bi. ez
wart in fůr gespenge manich shoniv meit.
genæt vil minnechliche ez möht ir wesin
leit.
Der ir vil liehtiv varwe niht luhte gegen
der wat. so shones ingesinde nv niht chun
ges chunne hat. do di vil minnechlichen nu
trugen ir gewant. di si da fůren solden
di chomen dar cehant.
Der hochmůten recken was ein vil michel
el crapft. man truch ouch dar mit shul
den vil manich esshinen schapft.
~~brechen wolden umb der eren pris.~~
~~sich vlizzen sich der tugende mit zuhten~~

Anderthalp
des rines sach man mit manigen
sharn. den chunich mit sinen gesten
zv dem stade varn. ouch sah man
da bi zoume leiten manige meit. di si
enpfahen solden di waren alle bereit.
Do di von Islande ten schiffen chomen dan.
unt ouch von Nibelungen di Sifrides man.
si gahent zv dem lande unmůzech wart
ir hant. da man des chuniges vriunde des
stades anderthalben vant.
Nv hőret ouch disiv mære von der chunegin Uten
di richen wi si div magedin. fůrte von
der burge dar si do selbe reit. da gewan
ein ander chunde vil manich riter unt meit.
Der herzoge Gere Crimhilt zoumte dan.
niwar für daz burgetor Sifrit der chůne
man. der můst ir fůrbaz dienen si was
ein shone chint. des wart im wol gelo
net von der iunch vrowen sint.
Ortwin der chune bi vrou Uten reit. vil
gesellechlichen manich riter und meit.
ce so grozem antpfange des wir wol mů
gen iehen. wart nie so vil der vrowen
bi ein ander gesæhen.
Vil manich buhurt richer wart da getri
ben. von helden lobl richen niht wol daz
wære beliben. vor Crimhilt der vil shonen
zv den schiffen dan. do hup von den n
moren vil vrowen wol getan. manige
Der chunich was chomen über unt
manich werder gast. hei waz starcher
sheffte vor den vrowen brast. man hort
da hurtechlichen von schilden manige
stoz. hey waz richer pukelen vor ge
drange lut er doz.
Di vil minnechlichen stunden an der ha
be. Gunther mit sinen gesten gie von de
shiffen abe. er fůrte Prunhilden selb an
siner hant. da luhte wider ein ander
vil lieht stein unt gewant.
Mit vil grozen zůhten vrou Crimhilt do
gie. do si vrowen Prunhilden von ir ge
sinde enpfie. man sach da shapel rucken
mit liehten henden da. si sich chusten
beide daz wart durch zuht getan.
Do sprach gezogenliche Crimhilt daz
mægedin. ir sult zv disen landen uns
willechomen sin. mir unt miner muter
unt allen di wir han. der getriwen friu
de do wart niugen getan.
Di vrowen sich beviengen mit armen di
hie. so minnechlich enpfahen gehorte
man noch nie. so di vrowen bæide der
brůte taten chunt. vrou Ute unt ir
tohter di chusten dicke ir sůzen munt.
Do frou Prunhilt vol chom uf den sant
si wart vil minnechlichen genomen bi
der hant. von wætlichen recken manich
wip wol getan. man sach di schonen
magede vor vrowen Prunhilde stan.
E daz ir gruz er gienge daz was ein
lange stunt. ia wart da gechusset ma
nich rose varwer munt. noch stunden
bi ein ander di chunige tohter rich.
daz liebte an ce sæhene vil manigem recken
lobelich.
Do spæhten mit den ougen di ė horten
hen. daz si also shones niht mer hæten

Eine Seite aus dem Nibelungenlied.

St. Gallen, Stiftsbibliothek
Cod. Sang. 857, S. 316
Pergament, 636 Seiten,
31,5 × 21,5 cm
Südtirol/Salzburg,
um 1260

Handschriftenerwerbungen im 18. Jahrhundert

Die beiden bedeutendsten Handschriftenerwerbungen der Frühen Neuzeit sind quellenmässig gut dokumentiert.

Um 1780 liess sich der St. Galler Klosterbibliothekar Johann Nepomuk Hauntinger (1756–1823)[112] aus Frauenklöstern des fürstäbtischen Territoriums und des benachbarten Kantons Appenzell 81 Handschriften aus dem Spätmittelalter übergeben, vor allem aszetisch-mystischen Inhalts.[113] Als Gegengabe händigte er den Klosterfrauen aktuelle gedruckte geistlich-spirituelle Literatur aus, die diese seiner Meinung nach eher lesen könnten. Viele der damals nach St. Gallen gelangten Papierhandschriften, fast ausnahmslos in deutscher Sprache geschrieben, sind heute hochgeschätzte Kostbarkeiten aus den Disziplinen Hagiographie, Mystik und Germanistik. Darunter befanden sich etwa die bebilderten Lebensgeschichten der St. Galler Heiligen Gallus, Magnus, Otmar und Wiborada (Cod. Sang. 602), die Schwesternbücher der Dominikanerinnenklöster Töss und Katharinental (Cod. Sang. 603) oder die Sammelhandschrift Cod. Sang. 990, die singulär geistliche Werke des Dominikanermönchs Wendelin Fabri († nach 1533) überliefert.

Im Februar 1768 konnte das Kloster St. Gallen einen umfangreichen Büchernachlass aus dem Besitz des Schweizer Gelehrten und Politikers Aegidius Tschudi (1505–1572) zum Preis von 2640 Gulden käuflich erwerben.[114] Der Verkaufskatalog[115] umfasste 121 Bände und Konvolute, die später in St. Gallen teilweise zusammengebunden wurden und heute in 51 Bänden überliefert sind. Unter den «Tschudi-Handschriften» befanden sich Kostbarkeiten wie das persönliche Handbuch des Reichenauer Abtes Walahfrid Strabo (Cod. Sang. 878), eine karolingische Gesetzessammlung aus Frankreich (Cod. Sang. 729) oder die einzige erhaltene Abschrift des sogenannten Schweizer Anonymus (in Cod. Sang. 643) mit anzüglich-frecher Kleinepik aus dem 15. Jahrhundert.

Auch eine der bekanntesten Handschriften der Stiftsbibliothek stammt aus dem Tschudi-Nachlass: die seit 2009 zum Weltdokumentenerbe der UNESCO gehörende Nibelungenhandschrift B. Sie enthält eine der drei textgeschichtlich wichtigsten Abschriften des Nibelungenliedes sowie in bester Überlieferung auch die Dichtungen Parzival und Willehalm des Wolfram von Eschenbach, ebenso die Kreuzzugsdichtung Karl der Grosse vom Stricker. Stellvertretend für die Erwerbungen von 1768 wird diese auch in kalligraphischer Hinsicht herausragende deutschsprachige Epenhandschrift des 13. Jahrhunderts präsentiert.

Tausende von gedruckten Büchern

Bis zur Errichtung der Renaissance-Bibliothek 1551/53 war die Zahl der im Besitz der St. Galler Klostergemeinschaft befindlichen Bücher recht klein. Im frühmittelalterlichen Hartmutturm befand sich wohl hauptsächlich die Handschriftensammlung. Gedruckte Bücher gab es zur Zeit der ersten nachreformatorischen Äbte Diethelm Blarer (1530–1564) und Otmar Kunz (1564–1577) hingegen vor allem in den Zellen der Mönche. Diese besassen eigene Bibliotheken, die erst nach ihrem Tod in den Besitz der Gemeinschaft überzugehen pflegten. Auf den Titelblättern vieler Drucke aus der ersten Hälfte des 16. Jahrhunderts finden sich die Namen der einstigen Eigentümer, etwa jener des Münsterpredigers Johannes Hess († 1545; mindestens 15 Bücher)[116] oder derjenige des Schreibers und Predigers Heinrich Keller (1518–1567; mindestens 14 Bücher).

Erst unter Otmar Kunz begann man in grösserem Stil, für die neu errichtete Klosterbibliothek gedruckte Bücher zu erwerben und allmählich auch die Handschriftensammlung in die neue Bibliothek zu stellen.[117] Die St. Galler Mönche Mauritius Enk und Joachim Opser erwarben um 1570 in Paris für über 5'000 Gulden mehrere hundert Bücher unterschiedlichen Inhalts und liessen diese an Ort und Stelle kunstvoll einbinden. Gelegentlich kaufte das Kloster auch Büchernachlässe an, so 1573 mehrere Dutzend Bände aus dem Besitz der St. Galler Arztes Jakob Brülisauer[118] oder 1780/81, als die Klosterbibliothek für gesamthaft 750 Gulden einen ansehnlichen Teil der rund 10'000 Bände umfassenden Bibliothek des evangelischen St. Galler Pfarrers Kaspar Zollikofer (1707–1779) erwerben konnte.[119]

Die systematische Anschaffung von Druckwerken aus sämtlichen Wissensgebieten ging kontinuierlich weiter. Einige Äbte gaben mehr, andere weniger Geld für Neuanschaffungen von Drucken aus, abhängig häufig von ihrer persönlichen Affinität zu Büchern.[120]

Welche Summen auf die Anschaffung von Büchern und vereinzelt auch auf deren wertvolle Ausstattung verwendet wurden, zeigt das Beispiel eines 1604 vom Kloster St. Gallen erworbenen Bandes mit dem Werk *Les vrais pourtraits et vies des hommes illustres grecz, latins, et payens* (Paris 1584) des französischen Kosmographen André Thevet. Der mit einem ungewöhnlich repräsentativen Einband geschmückte Band enthält die Viten von berühmten Persönlichkeiten aus der Weltgeschichte von der Antike bis in die Jetzt-Zeit und ist mit über zweihundert herausragenden Kupferstichen illustriert.

Porträt von Jeanne d'Arc in: André Thevet, Les vrais pourtraits et vies des hommes illustres grecz, latins, et payens, Paris 1584, Teil IV, S. 279.

St. Gallen, Stiftsbibliothek Bandsignatur: SS rechts I 1

IEANNE LA PVCELLE.

Chapitre 25.

IL n'ya celuy, qui ne ſçache que Dieu choiſit les choſes viles, hũbles & abiectes, pour ſ'en ſeruir à cõfondre & dompter ce, qui ſemble eſtre plus fort & puiſſant. Et ainſy par la conference des eſcritures trouuõs auoir eſté pratiqué & obſerué qu'vn ſexe feminin, fragile & imbecile a maintefois eſté preſenté, pour ſecourir vn Royaume expoſé à la fureur des ennemis: Les exemples de Debora, Heſter & Iudith ne ſõt que trop notoires. Ce ſeroit donq vouloir reſiſter à la diuine volonté de calõ-

Dieu fait grãdes choſes par moyens freſles.

In seinem Rechnungsbuch hielt Abt Bernhard Müller (1594–1630) am 17. November 1604 fest: *Dem Maler Wägmann von Lucern umb das buoch Andreae Thevet … illustrieren geben 41 Gulden 6 Batzen.*[121] Das Wort *illustrieren* bezieht sich sicherlich auf die Ausgestaltung des Einbands. Wägmann, der vielseitig tätige und angesehene Luzerner Künstler, der auch für einen grossen Teil der Gemälde auf der Kapellbrücke in Luzern verantwortlich zeichnete,[122] schuf auf dem Einband dieses Werks eine Goldprägearbeit von hoher Qualität. Dem Betrachter präsentiert sich ein baumartiges, blätterbestücktes Gebilde, das auf Vorder- und Hinterdeckel auch mit dem Abtwappen von Bernhard Müller und weiteren Verzierungen geschmückt ist. Auch der Buchrücken ist reich mit Vögeln, Eicheln und Punkten ornamentiert, und dies alles in Gold auf den dunkeln Ledereinband geprägt.

Wägmann dürfte auf dem Rückweg von einem längeren Arbeitsaufenthalt auf Schloss Zeil bei Leutkirch im Allgäu im Spätherbst 1604 in St. Gallen um Arbeit nachgefragt und diesen Auftrag erhalten haben.[123]

Zweimal erlitt die Klosterbibliothek von St. Gallen grössere Bücherverluste. Im Jahr 1712 wurde die St. Galler Bibliothek nach Zürich und Bern verschleppt (vgl. S. 79–81), und in der Zeit zwischen 1797 und 1804, zur Zeit der Helvetik, im Gefolge der Französischen Revolution, verschwand eine grössere Zahl an gedruckten Werken (vgl. S. 110–113). Trotz dieser schmerzhaften Beeinträchtigungen ist die Sammlung der alten Drucke der Stiftsbibliothek bis 1800 bemerkenswert reich und vielfältig, analog zu anderen Büchereien benediktinischer Klostergemeinschaften im deutschen Sprachraum. Sie war und ist eine kleinere Universalbibliothek und umfasst nicht nur religiös-theologische Literatur, sondern eine breite Palette von wissenschaftlich-gelehrten und repräsentativ-dekorativen Werken aus den unterschiedlichsten Sparten des Wissens: Kupferstichwerke, grossformatige Atlanten, naturwissenschaftliche Abhandlungen, juristische Literatur und vieles anderes mehr.

Von Hans Heinrich Wägmann gestalteter Einband: André Thevet, Les vrais pourtraits et vies des hommes illustres grecz, latins, et payens, Paris 1584.

St. Gallen, Stiftsbibliothek Bandsignatur: SS rechts I 1

7

Stürmische Zeiten und ein Hauch von Wunderkammer

Karl Schmuki

Das 18. Jahrhundert war für die Klosterbibliothek von St. Gallen eine bewegte und stürmische Zeit. Nicht weniger als drei Mal mussten die Bücherbestände (oder zumindest ein substantieller Teil davon) ihren Standort verlassen. Für zwei Bücherverlagerungen waren Kriege verantwortlich, zwischen 1712 und 1718/20 der Toggenburgerkrieg und ab 1797 der sich abzeichnende Einmarsch französischer Truppen im Zeitalter der Französischen Revolution (vgl. S. 110–113).

Zu Beginn des Toggenburgerkriegs (1712–1718) besetzten Truppen aus Zürich und Bern das Kloster St. Gallen und nahmen dabei neben vielem anderem (etwa Weinvorräten, Apotheke, Archiv, Glocken etc.) den grössten Teil der Büchersammlung, Handschriften und Drucke, in Beschlag. Der St. Galler Abt Leodegar Bürgisser (1696–1717) und seine Konventualen hatten bei ihrer überstürzten Flucht nach Neuravensburg nur einen minimen Teil der Bücher und des Archivs mitnehmen können. Die zurückgebliebenen Bestände gelangten je hälftig nach Zürich und Bern. Nach dem Frieden von Baden (1718) wurde aus Zürich nicht alles zurückgegeben. Erst nach fast 300 Jahren, 2006, fanden die beiden Kantone St. Gallen und Zürich zu einer Kompromisslösung: Vierzig der für St. Gallen wichtigsten Handschriften kehrten als Dauerleihgaben hierher zurück.

Die dritte Bücherevakuation war baubedingt: Am 28. September 1757 fassten Abt Cölestin Gugger von Staudach (1740–1767) und die Mönchsgemeinschaft von St. Gallen den Beschluss, die zu klein gewordene Renaissance-Bibliothek abzureissen und durch einen Neubau zu ersetzen, die heute noch bestehende spätbarocke Bibliothek. Kurze Zeit später wurden bereits 32 Bücherkisten, darunter die gesamte Handschriftensammlung, ins Kloster Mariaberg oberhalb von Rorschach verlegt.[124] Im Frühling 1758 wurde die alte Bibliothek niedergerissen; in den nachfolgenden Jahren bis 1767 entstand im Wesentlichen der neue Büchersaal. Letzte Arbeiten, etwa die Anfertigung des Portals, waren allerdings erst 1784 abgeschlossen.

Barockbibliotheken ohne dazugehörige Wunderkammern sind fast undenkbar. Eher spät begann auch das Kloster St. Gallen systematisch, aussergewöhnliche Objekte zu sammeln. Seit der Säkularisierung des Klosters St. Gallen verschwanden allmählich die meisten dieser Gegenstände; heute sind nur noch Reste davon erhalten. Einzig die Münz- und Medaillensammlung im 1738/39 hergestellten *Nummophylacium* (Münzkabinett) präsentiert sich noch als vollständig.

Bücher aus dem Kloster St. Gallen in Zürich

Die Zeit des Toggenburgerkriegs (auch Zwölferkrieg oder 2. Villmergerkrieg genannt) kam dem markantesten Einschnitt in der Geschichte der Stiftsbibliothek St. Gallen gleich. In kriegerischen Auseinandersetzungen – es ging primär um Streitfragen wegen des Toggenburgs – sah sich die Fürstabtei St. Gallen den beiden mächtigsten evangelischen Orten der Eidgenossenschaft, Zürich und Bern, gegenüber. Dabei marschierten im Frühling 1712 Truppen der beiden Kantone ins fürstäbtische Gebiet ein und besetzten das Kloster. Dort nahmen sie alles in Besitz, was nicht mehr hatte fortgeschafft werden können: Vieh, Getreide, Wein, Hausrat, Glocken, die Apotheke, Urkunden und Verwaltungsakten aus dem Archiv und auch den grössten Teil der Handschriften und gedruckten Bücher aus der Klosterbibliothek.[125] Die Bücher wurden je hälftig auf die beiden siegreichen Orte aufgeteilt und in die Sammlungen der beiden Städte integriert. In der Folge waren die fürstäbtischen Lande während sechs Jahren von Zürich und Bern besetzt. Fürstabt Leodegar Bürgisser (1696–1717) und der grösste Teil seiner Klostergemeinschaft waren geflohen und blieben mehrere Jahre im Exil.

Nach sechs Jahren, im Sommer 1718, konnte ein 84 Paragraphen umfassender Friedensschluss ausgehandelt und unterzeichnet werden. Der im Exil in Neuravensburg neugewählte Abt des Klosters St. Gallen, Joseph von Rudolphi (1717–1740), hatte den Weg für den Frieden von Baden (15.6.1718) frei gemacht.

Bern handelte rasch und erstattete seinen Anteil an der St. Galler Klosterbibliothek im Frühling 1719 wieder zurück. Nach längerem Zögern erklärte sich auch der Rat der Stadt Zürich bereit, seinen Anteil an der Kriegsbeute wieder zurückzugeben. Dies geschah im Frühjahr 1720. Drei Tage nach dem Erhalt der Sendung schickte Abt Joseph ein Dankesschreiben nach Zürich. In dieser kurzen Zeitspanne war jedoch eine detaillierte Überprüfung der mehrere Tausend Bücher umfassenden Rücksendung nicht möglich. So stellte sich erst nachher heraus, dass die Zürcher Bibliothekare gut hundert Handschriften und eine noch als etwas höher zu beziffernde Zahl an gedruckten Werken in Zürich zurückbehalten hatten. Im Kloster St. Gallen wurden diese Verluste allmählich offenkundig, aber auf entsprechende Anfragen reagierte das mächtige Zürich ungehalten. Man betrachtete die Angelegenheit als abgeschlossen.

In St. Galler Fachkreisen geriet der Umstand, dass sich eine grössere Anzahl von Büchern aus St. Gallen in Zürich befindet, bis ins 20. Jahrhundert nicht in Vergessenheit. Aber erst zwischen 1995 und 2006 gelang es, nach zähem Ringen eine Kompromisslösung zu finden, die mindestens bis zum Jahr 2044 Bestand haben wird. Die Suche nach einer Lösung zwischen den beiden Kantonen Zürich und St. Gallen wurde zusätzlich dadurch erschwert, dass sich in den fast 300 Jahren seit dem Friedensschluss die politischen Verhältnisse völlig verändert hatten und nunmehr zahlreiche Institutionen in

Abbildungen S. 82/83

Der St. Galler Erd- und Himmelsglobus.

Links das Original aus der Zeit nach 1570, heute Landesmuseum Zürich

Rechts die Replik von 2007/2009, Stiftsbibliothek St. Gallen

den Verhandlungsprozess verwickelt waren. Auf der Seite Zürichs waren dies neben dem Kanton auch die Stadt Zürich sowie die Stiftung Zentralbibliothek Zürich, auf der Seite St. Gallens neben dem Kanton auch der Katholische Konfessionsteil des Kantons St. Gallen.

Um überhaupt zu einer Kompromisslösung zu gelangen, musste von St. Galler Seite (gemäss Artikel 44, Absatz 3 der Schweizer Bundesverfassung von 1999) am Ende der Bundesrat um Vermittlung gebeten werden. Federführend in diesen Verhandlungen war das Eidgenössische Departement des Innern unter der Leitung von Bundesrat Pascal Couchepin. Die St. Galler Seite berief sich in ihrer Argumentation vor allem auf den identitätsstiftenden Charakter ihrer in Zürich verbliebenen Kulturgüter, während Zürich die nahezu 300 Jahre währende Pflege der strittigen Güter und generell ein kulturpolitisches Interesse an der Vermeidung von Präjudizien ins Feld führte.

Die am 27. April 2006 von den politischen Vertretern aller involvierten Parteien unterzeichnete Lösung sah so aus, dass St. Gallen das Eigentumsrecht Zürichs an sämtlichen Kulturgütern anerkannte, die auf Grund der Ereignisse von 1712 in den Besitz von Zürcher Institutionen gelangt waren. Im Gegenzug dazu erkannte Zürich die Identitätsrelevanz der im Kloster St. Gallen seit dem frühen Mittelalter geschaffenen und in Zürich verbliebenen Werke an. Entsprechend wurden 40 der im Eigentum der Stiftung Zentralbibliothek stehenden Handschriften, die für St. Gallen besonders grosse Identitätsrelevanz haben, auf unbestimmte Zeit (von mindestens 38 Jahren) von Zürich nach St. Gallen ausgeliehen. In den Kompromiss einbezogen wurde auch der grosse St. Galler Erd- und Himmelsglobus. Der Originalglobus verblieb als Depositum der Zentralbibliothek Zürich im Schweizerischen Nationalmuseum in Zürich. Dazu stellte Zürich jene originalgetreue Replik für die Stiftsbibliothek her, die seit 2009 im Barocksaal steht.

Drei dieser vierzig nach fast 300 Jahren wieder nach St. Gallen gelangten Handschriften werden im Rahmen der Ausstellung je rund zweieinhalb Monate lang gezeigt. Es sind dies der Reihe nach das Lektionar Ms. C 60 aus der Zeit um 900, eine aus dem 11. Jahrhundert stammende St. Galler Abschrift der Thebaïs des römischen Autors Statius (Ms. C 62) sowie eine Sammlung von Gelegenheitsdichtungen von St. Galler Mönchen aus der Barockzeit (Ms. D 77B).

PLATO

INCIPIUNT LECT.

IN SABBATO SCO PASCHAE

LECT. LIB. GENESEOS

IN PRINCIPIO CRE
AUIT DS CAELUM ET TERRAM. TERRA
autem erat inanis & uacua. & tenebrę super faciem
abyssi. & sps di ferebatur super aquas.
Dixitq; ds. Fiat lux. & facta est lux. Et uidit ds
lucem quod esset bona. & diuisit lucem a tenebris. Ap
pellauitq; lucem diem. & tenebras noctem. Factumq;
est vespere & mane dies unus. Dixit quoq; ds.
Fiat firmamentum in medio aquarum. & diuidat a
quas ab aquis. Et fecit ds firmamentum. diuisitq;
aquas. quę erant sub firmamento. ab his quę erant su
per firmamentum. & factum est ita. Vocauitq; ds
firmamentum. celum. Et factum est vespere & mane.
dies secundus. Dixit vero ds. Congregentur aquę
quę sub celo sunt in locum unum. & appareat arida.

Der Anfang der Epistellesung am Karsamstag.

Zürich, Zentralbibliothek Ms. C 60, Bl. 111v
Dauerleihgabe in der Stiftsbibliothek St. Gallen
Pergament, 315 Blätter, 26 × 20 cm
Kloster St. Gallen, 900/910 oder um 880

Im Eigentum von Zürich
Ein Lektionar aus dem Kloster St. Gallen

Zu den herausragenden Werken der St. Galler Schreib- und Initialkunst gehört das Lektionar Ms. C 60 der Zentralbibliothek Zürich. Der Kunsthistoriker Anton von Euw (1934–2009) datiert diese liturgische Handschrift, die Epistel- und Evangelienlesungen durch das Kirchenjahr enthält, in die Blütezeit des Klosters St. Gallen, ins Abbatiat von Salomon (890–920), genauer auf die Jahre 900/910, und rückt das Buch damit auch in die Nähe des vom Schreibkünstler Sintram geschriebenen Evangelium longum (Cod. Sang. 53).[126] Aufgrund von Schriftvergleichen könnte das Lektionar aber durchaus bereits gegen 880 geschaffen worden sein; die Parallelen in den Initialzeichnungen etwa zum «Prophetenband» der sogenannten Grossen Hartmut-Bibel (Cod. Sang. 82) sind frappant.

Das in einer gepflegten karolingischen Minuskelschrift St. Galler Prägung geschriebene Lektionar ist unvollständig überliefert. Es fehlen die in der frühmittelalterlichen St. Galler Buchtradition jeweils prächtig illuminierten Anfangsseiten zu Beginn des Kirchenjahrs mit dem Stammbaum Jesu *(Liber generationis)*. Im vorderen Teil (fol. 1–231v) enthält das Lektionar das *Proprium de tempore*, in dem die Epistel- und Evangelienlesungen an Sonntagen und Herrenfesten, geordnet nach dem Kirchenjahr, enthalten sind. Es schliesst sich das *Proprium de sanctis* an (fol. 235r –260r), in dem die Lesungen für die Festtage ausgewählter wichtiger Heiliger von Andreas (30.11.) bis Saturninus (29.11.) enthalten sind.

Die Handschrift befand sich vor 1564 sicherlich noch in der St. Galler Klosterbibliothek. Auf fol. 237r ist nämlich der auf die Zeit zwischen 1553 und 1564 zu datierende St. Galler Bibliotheksstempel aus der Zeit von Abt Diethelm Blarer erkennbar. Ganz vorne (fol. 1r) brachten die Zuständigen der Stadtbibliothek Zürich nach der Wegführung aus St. Gallen im Jahr 1712 bald schon den Zürcher Bibliotheksstempel an, den Zürcher Löwen mit dem Zürcher Wappen in der Hand.

Abgebildet ist der Beginn der Epistellesung am Karsamstag mit dem Beginn des Buches Genesis (Gen 1): *In principio creavit deus caelum et terram* («Im Anfang schuf Gott Himmel und Erde»). Die I-Initiale in Gold, Silber und Minium ist schlicht, aber äusserst qualitätvoll gestaltet.

Im Eigentum von Zürich
Die Thebaïs des altrömischen Dichters Statius

Im frühmittelalterlichen Kloster St.Gallen wurden, vor allem in der Klosterschule, auch zahlreiche Texte der klassischen römischen Antike gelesen. Von vielen berühmten Autoren wie Ovid, Horaz, Cicero, Juvenal, Lukan, Quintilian (vgl. S. 64–65), Sallust etc. finden sich Abschriften des 10. bis 12. Jahrhunderts in den erhaltenen Bücherbeständen. Diese Texte wurden häufig interlinear und an den Rändern von St.Galler Mönchen mit Scholien, kürzeren oder längeren Erklärungen und Kommentaren zum Text, annotiert. Dies zeigt beispielhaft die Abschrift der Thebaïs des Statius, die 1712 nach Zürich gelangte und sich seit Herbst 2006 wieder als Dauerleihgabe in St.Gallen befindet. Die annotierende Hand ist mit einiger Sicherheit dem St.Galler Mönch Ekkehart IV. († um 1060) zuzuschreiben.

Publius Papinius Statius (*um 40 n. Chr., † um 96 n. Chr.) war ein römischer Schriftsteller des ersten nachchristlichen Jahrhunderts. Sein bekanntestes Werk ist die Thebaïs, eine epische Versdichtung in 12 Büchern. Sie erzählt mit 9'748 Hexametern einen beliebten Sagenstoff der griechischen Mythologie, den Zug der Sieben gegen Theben, in dem der tödlich endende Streit der beiden Ödipus-Söhne Eteocles und Polynices um die Vorherrschaft in Theben im Zentrum steht.[127] Von der Thebaïs sind rund 100 mittelalterliche Abschriften erhalten. Das Ansehen des Dichters Statius war im Mittelalter derart gross, dass Dante Alighieri (1265–1321) ihn in seiner *Divina Commedia* gleich neben Vergil stellte. Die anschauliche Sprache, die metrischen Fähigkeiten und die souveräne Darstellung des schwierigen Stoffes beeindruckten selbst Johann Wolfgang von Goethe (1749–1832).[128]

Die im Kloster St.Gallen geschriebene Handschrift enthält neben der vollständigen Thebaïs auch zwei Grammatiktexte in Abschriften des 12. Jahrhunderts, komputistische Tafeln und Anleitungen sowie Exzerpte aus Werken des Beda Venerabilis, geschrieben im 10. Jahrhundert.[129]

Abgebildet ist der Beginn des Epos: *Fraternas acies alternaque regna profanis ...*

Textanfang der Thebaïs mit Anmerkungen von St.Galler Mönchen zwischen und neben Zeilen.

Zürich, Zentralbibliothek
Ms. C 62, Bl. 2r
Dauerleihgabe in der Stiftsbibliothek St.Gallen
Pergament, 233 Blätter, 26,5 × 19,5 cm
Kloster St.Gallen, 11. Jh.

[illegible]

Quia pacti erant fratres inter se et sibi invicem succederent

[per ethioclem et polinicem greca et thebana]
Fraternas acies. alternaque regna profanis.
[debellata] [narrare dicere]
Decertata odiis. sontesque evolvere thebas
[a pierio musicus] [simet] [amor]
Pierius menti calor incidit. unde iubetis
[o muse perfice] [carminum] [exordia]
Ire dee? gentisne canam primordia dire.
Sidonios raptus. et inexorabile pactum
[sulcantem]
Legis agenoree. scrutantemque equora cadmum
[pugne trigenarum] [latentis]
Longa retro series trepidum si martis operti
[cadmum]
Agricolam infandis condentem prelia sulcis
Expediam penitusque sequar quo carmine muris
[quod dicit ut eius cantu spontanea saxa se muris thebanis imponerent]
Iusserit amphion tyrios accedere montes.
[fuerunt]
Unde graves ire cognata in menia bacho.
[fuit] [scilicet leargo filio suo]
Quod seve iunonis opus cui sumpserit arcus
Infelix athamas cur non expaverit ingens
[leucothea]
Ionium socio casura palemone mater.
[infelicitates] [felicitates]
Atque adeo iam nunc gemitus et prospera cadmi
[vel reticeam] [vel principium]
Preteriisse sinam. limes mihi carminis esto
[o] [aliquoniam]
Oedipode confusa domus. quando itala nondum
Signa nec arthoos ausim spectare triumphos.
Bisque iugo rhenum. bis adactum legibus histrum.
[contra vos scilicet]
Et coniurato deiectos vertice dacos.
[domiciani]
Aut defensa prius vix pubescentibus annis
[que erant inter [illegible] domicianum filium vespasiani dicit]
Bella iovis. tuque o latie decus addite fame.
[domicianum] [vel ad imitacionem patris]
Quem nova mature subeuntem exorsa parentis.
Aeternum sibi roma cupit. licet artior omnis
[orientalis]
Limes agat stellas. et te plaga lucida celi

[illegible] isti per argos et thebe [illegible]

A bene profanis quia inter germanos odia [illegible]
B Europa dicit quam iupiter rapuit [illegible]
C Iusserat agenor cadmo filio suo quod ad querendam filiam suam europam misit ut nisi inventa sorore rediret ad patrem.
D Quia cadmus europam querens venit ad ea loca in quibus post thebe constructe sunt. ibi invenit draconem qui marti sacratus erat. et eo interempto dentes sevit. unde trigeni nati sunt qui se invicem perimerunt.
E bene dicit cognata quia [illegible] semelen aut [illegible] sorores erant thebane
F Flumina germanie galloque bis a vespasiano victam ostendit
G pugna dicit quam domicianus in capitolio gessit quando vespasianum patrem suum obsessum a vitello liberavit
H Quia vis densentur astra dum spaciosus tibi locus paretur in celo. licet omnes stelle se extrahant ut tibi locum faciant quem velis

Epitaphium Grimaldi Abbatis.

Hic manet interius Diviniæ Legis amator,
Grimaldus humilis, Templum hoc qui condere insti

Auff däutsch also:

Hie ligt Grimald auff disem platz,
Der fast geliebt dz Göttlich gsatz
Unnd dise Kirch von fundament
Hat auffgebauwen unnd vollendt.

Epitaphium Tutelonis.

Virginis almificæ Pictor egregius Tutelo,
Excellens meritis et pietate potens.
Nemo tristis abit, qui te colit et veneratur:
Fers cunctis placidam quippe salutis opem.

Versio Germanica.

Tutalo der auß sonder gstalt
Maria Bild sehr künsteich mahlet,
Durch sein verdienst unnd frombait schon
Hat vil vermög vor Gottes thron.
Niemandt rüefft ihn vergebens an,
Sein hilff erthailt er iedman.

Elogium.

Fiktive Grabinschriften für Abt Grimald und den Künstlermönch Tuotilo lateinisch und deutsch.

Zürich, Zentralbibliothek
Ms. D 77b, Bl. 161v
Dauerleihgabe in der Stiftsbibliothek St. Gallen
Papier, 391 Blätter, 22 × 16,5 cm
Kloster St. Gallen, 1637–1673

Im Eigentum von Zürich
Barocke Gelegenheitsdichtungen aus St. Gallen

Neben einer reichen Theaterkultur wurde im Kloster St. Gallen im 17. Jahrhundert auch die Kunst der Poesie in all ihren vielfachen Schattierungen intensiv gepflegt und in der Klosterschule fleissig geübt. Einen hervorragenden Einblick in diese dichterische Vielfalt im Galluskloster vom späteren 16. bis ins dritte Viertel des 17. Jahrhunderts vermitteln die Gelegenheitsdichtungen, die der St. Galler Mönch Ulrich Aichhaim (1626–1675) während seiner letzten Lebensjahre in acht Bänden zusammenstellte. Sechs dieser Bände befinden sich seit 1712 in Zürich, zwei der Bände (Bd. 5 und Bd. 7) sind verschollen. Die Dichtungen sind zumeist in lateinischer Sprache gehaltene panegyrische Werke, die vielseitig gebildete St. Galler Mönche verfasst hatten. Anlässe zu solchen Dichtungen waren Festtage der Klosteroberen (Namenstag, Elektionstag des Abtes, Priesterjubiläum etc.) und die vielen anderen barockzeitlichen Feste und Feierlichkeiten, für deren Ausgestaltung meist jüngere Mönche *(Fratres Juniores)* kunstvolle Reden, Theaterszenen oder allegorisch-emblematische Dichtungen schufen.

Im Band 8 der Sammlung Aichhaim sind neben vielem anderem auch fiktive lateinische und deutsche Grabinschriften für bekannte Persönlichkeiten aus der St. Galler Klostergeschichte überliefert (Bl. 160r–200r); in der Abbildung hier für Abt Grimald (841–872) und den Künstlermönch Tuotilo († nach 913), den Schöpfer des Einbands am Evangelium longum (Cod. Sang. 53). Die deutschsprachigen Fassungen lauten:

Hie ligt Grimald auf disem Platz
Der fest geliebt daz göttlich Gsatz,
Unnd dise Kirch von Fundament
Hat aufgebauwen unnd vollendt.

Tutelo der auff sonder Gstalt
Mariae Bild sehr künstlich mahlt,
Durch sein Verdienst und Frommkeit schon
Gar vil vermag vor Gottes Thron.
Niemandt rüefft ihn vergebens an,
Sein Hilff erthailt er iederman.

St. Galler *Fratres Juniores* dürften diese vergleichsweise einfachen, sehr allgemein gehaltenen Verse als eine Art von poetischen Übungen geschmiedet haben.[130]

92.

hebdomadatim dispellat; et ne aves, ut præcipuè sunt hirundines, volent per fenestras sereno cœlo apertas, librosq maculent, operæ pretium erit, eis transennâ ex filo ferreo involutam occludere. Bibliothecarius Bibliothecam mensibus singulis saltem semel purg et mundari curet. 34. Quamprimum Librum pro Bibliotheca acq fierit, illum Catalogo alphabetico, cum Dato Diei, et eius pretio scribat, tabulaq Cistæ Eius appensæ Nomen seu titulum Libri et Authoris concredat. 35. Alij Libri vel folia, ut: ex cera, vel corte et similia rara ac antiqua, quæ propriè etiam ad Bibliothecam tineant, propriu etiã Locum decorum obtineant. 36. Semper med ad arcendas è libris tineas &c. ad manum habeat, atq prout opus fuerit, adhibeat et applicet.

Antiquarium.

3. Antiquarium. vulgò Kunstkamer.

1. Antiquarium sit quidem in eadem Contignatione et Loco Bibliothecæ, at Galeriâ et Clathris seu cancellis ferreis decoris, pictis deauratis, ac portâ magnifica symbolis, figuris ac titulo venu decoratâ à Bibliotheca totaliter separata. 2. Singula quæ suis cistis primò valvis ligneis, 2º. cortinis. 3º. transennâ ex filo fe apprimè decorâ, sint occlusa, et optimo ordine disposita, præsert pretiosiora, ut medallia &c. 3. cætera observentur sicut in tia et Bibliotheca. 4. Si hospites Laici, ignoti, vel aliàs suspec adsint, adhiberi poterunt Vigiles, et porta ita ordinari, ut adverte Antiquarij Præfecto, qui alius sit, quam Bibliothecarius, quod al à Præsentibus furto ablatum sit, tactu pedis porta Antiquari à seipsa quasi occludatur, et hoc ipso, campanulâ ianuæ clausa pulsatâ, vigiles, et alij occurrant. 5. Die Besucher bey der Kö sachen sollen alle heimliche Griff haben. Quod idem observandum Sacristia et Bibliotheca. 6. Explicatio scripta cuiuslibet contenta adsit. 7. Præfectus omniu etiã reru, quoad qua tatem et numeru perfecta notitia habeat. 8. Omnium reru etiam exactus habeatur Catalogus. 9. Ad purganda, munda Instrumenta necessaria adsint, et locum propriu obtinean

Archivum.

4. Archivum

Archivum sit in tutissimo, et ab omni infortunio liberrim Loco, optimè munitum, nulliq nisi Capitularibus notum. In quo

omnia

Eine Seite aus dem *Palatium Felicitatis* mit Angaben zur Bibliothek.

St. Gallen, Stiftsarchiv
Band 375, S. 92
Papier, 256 Seiten,
31.5 × 20 cm
Kloster St. Gallen im Exil
(Neuravensburg?), 1716

Die ideale Bibliothek von Gabriel Hecht 1716

Im Jahr 1716 befand sich die Fürstabtei St. Gallen unter der Herrschaft von Zürich und Bern. Die St. Galler Mönche weilten grösstenteils im Exil, verstreut in verschiedenen Klöstern Süddeutschlands und der Schweiz, während Fürstabt Leodegar Bürgisser (1696–1717) von Schloss Neuravensburg bei Wangen im Allgäu aus versuchte, die Herrschaft über die Fürstabtei wiederherzustellen.[131] In dieser Zeit verfasste P. Gabriel Hecht (1664–1745) eine eigentümliche Abhandlung, in der er – für den Zeitpunkt der Rückkehr des Mönchskonvents – eine grössere Zahl von völlig unsystematisch angeordneten Vorschlägen ausbreitet, wie das Kloster in baulicher, geistig-monastischer und territorial-herrschaftlicher Sicht beschaffen sein sollte.[132] Es geht darin etwa um die musikalische Gestaltung von Gottesdiensten, die Fronleichnamsprozession, einen Knigge für die Schüler des Seminars, aber auch um wirtschaftliche Aspekte wie Feldbau und Vorratswirtschaft.

Ein Abschnitt der überwiegend in Latein verfassten Schrift widmet sich der Bibliothek (S. 88–92). Pater Gabriel, lange Zeit der fähigste Zeichner, Maler und Kalligraph innerhalb des Mönchskonvents und ab 1719 Bauherr des Klosters, gibt darin detaillierte Anweisungen, wie die Klosterbibliothek einzurichten und zu betreuen sei, allerdings auch da voller unerwarteter Gedankensprünge.[133]

Erwähnenswert sind etwa die drei Portale, durch die man die zweistöckige Bibliothek betreten könne, zwei prachtvollere, mit Laubwerk und Statuen verzierte grössere Eingänge sowie ein kleines Türlein für den Bibliothekar. Der Raum solle mindestens 20 Fuss (gut 6 Meter) hoch sein. Die Einteilung der Bücher habe nach Sachgebieten zu erfolgen, wobei die grösserformatigen Werke unten und kleinere Bücher oben zu stehen hätten. In der Bibliothek sollen Pulte zum Arbeiten und Schreiben stehen. Betont wird die Wichtigkeit eines Bücherkatalogs. Hecht stellt eine ausgeklügelte Bücherausleihe für Konventualen vor (offenbar hatte dies immer wieder zu Problemen geführt ...); ebenso rät er zu umfangreichen Sicherheitsmassnahmen bei Führungen für Gäste. Die Bibliothek sei monatlich mindestens einmal zu reinigen, und die Utensilien dafür (etwa Bürste, Blasbalg und *Kehrtrüsch*) hätten, für Gäste unsichtbar, bereit zu liegen. Und offenbar flogen damals durch offene Bibliotheksfenster auch Vögel in den Raum (Hecht nennt explizit Schwalben). Dies solle man durch ein Vogelnetz aus eisernem Draht verhindern.

Hecht skizziert ebenso den idealen Bibliothekar: Unter anderem müsse dieser gelehrt, gottesfürchtig und gastfreundlich sein und über die notwendigen Sprachkenntnisse verfügen.[134]

Die Kuriositätensammlung

Einem Trend der Zeit entsprechend und weltlichen Fürsten gleich legten auch viele Klöster im 17. und 18. Jahrhundert neben einer Büchersammlung weitere Sammlungen an: Gemälde, Kunstgegenstände wie Plastiken oder Statuen, Naturalien aller Art wie Mineralien, Versteinerungen oder Muscheln, Münzen und Medaillen, technische, mathematische und astronomische Instrumente und anderes mehr. In einer Zeit, als es noch keine spezialisierten Museen gab, wollte man in den Bibliotheken auch aussergewöhnliche Gegenstände und Geräte präsentieren, gewissermassen die «Wunder der Welt» zeigen.[135]

Mit Verspätung legte auch das Kloster St. Gallen eine kleine Wunderkammer an. Erste Raritäten gelangten noch um 1600 in die St. Galler Bibliothek, so 1595 der heute im Schweizerischen Nationalmuseum in Zürich aufbewahrte St. Galler Erd- und Himmelsglobus. 1603 platzierte man das Gemälde der heiligen Cäcilia im alten Renaissance-Bibliotheksbau. Aber von einer systematischen Sammeltätigkeit ausserhalb der Büchersammlungen kann bis zum Ende des 17. Jahrhunderts nicht gesprochen werden. Man dachte nicht daran, gezielt und professionell Spezialsammlungen anzulegen. Punktuell und fast schicksalhaft kamen bisweilen Objekte in die St. Galler Klosterbibliothek.

Die 2. Türkenbelagerung von Wien 1683 und die Rückeroberung von Ofen (Buda) von den Türken im Jahr 1686 hatten insofern Auswirkungen auf die Klosterbibliothek von St. Gallen, als Personen, die mit der christlichen Streitmacht gekämpft hatten, dem Abt von St. Gallen Gegenstände und Bücher türkischer Provenienz schenkten, die ihnen in die Hände gefallen waren. So gelangten ein türkischer Bogen, ein Ring aus Bronze, den die Türken für das Spannen des Bogens verwendeten, ein türkischer Esslöffel aus Muskatnussholz, ein mit arabischen Buchstaben versehener Siegelring und drei arabische Handschriften in die Klosterbibliothek und wurden auch Gästen gezeigt.[136] Mit Ausnahme der drei Manuskripte sind die Gegenstände aus türkischem Besitz heute allesamt verloren.

Und die Raritätensammlung wurde in den folgenden Jahren noch bunter und kurioser: Zwei Schwerter wurden der Bibliothek einverleibt. In das eine, das vorher offenbar bei der zweiten Schlacht von Höchstädt (1704) im Einsatz gestanden hatte, waren die Namen aller bayerischen Herzöge eingraviert. Mit dem anderen Schwert hatte der Goldacher Amtmann Wilhelm Brager im Jahre 1529 einem Priester, der sich öffentlich für die Annahme der Reformation ausgesprochen hatte, den Schädel gespalten.

Der gelehrte französische Benediktinerabt Augustin Calmet (1672–1757) erwähnt in der Beschreibung seiner Reise von 1748 nach St. Gallen mehrere «kuriose Gegenstände» *(rerum curiosarum)*, die man ihm bei seinem Besuch in der Bibliothek gezeigt

Verzeichnis von Geschenken an die Bibliothek *(Monumentum Gratitudinis)*, hier aus den Jahren 1687–1690. In der oberen Hälfte sind sieben Objekte türkischer Herkunft und anschliessend eine Koranhandschrift erwähnt.

**St. Gallen, Stiftsbibliothek
Cod. Sang. 1280, S. 137
Papier, 280 Seiten,
33 × 22.5 cm
Kloster St. Gallen,
1680/1780**

Prænobilis D. Joannes Evangelista Walder, Seren.^{mi} Electoris
Bavariæ Medicus ex Hungaria ab obsidione Budensi in nostram
Bibliothecam intulit peregrina et Turcica. videl.

1 Arcum Turcicum.

2 Annulum corneum, quo Turca nervum adtrahens arcus adhuc eadem.

3 Scutum Turcicum rotundum ex astilis pisciu. et ferreis filis confectum.

4 Sagittas Turcicas 40. varia forma.

5. Cothicar Turcicum pergrande ex aere musiata.

6 Annulum Turcicum signatorium, in cujus pala arabicis literis insculptum
est: Servus Dei.

7. Cultrum Turcicum, cujus vagina argentea, manubrium ex Ebenholz
lamina cærulea damascena.

Prænobilis D. Rudolfus Christophorus Würz à Rudenz Vice-Colonellus
Cæsareus auxit Bibliothecam Alcorano Arabicè eleganter scripto
in 4°. Habuit librum ex præda Budensi; cujus expugnationi ipse
interfuerat.

Ex dono R.^{mi} et Ampl.^{mi} Abbatis Augustini Rheinaugiensis habemus
1 Chronicon Basileense Wurstisii in fol.
2 Basileam Sacram. in 8.

Fuit Bibliotheca nostra aucta Novo Atlante terrestri
quem emit Ill.^{mus} Princeps Cœlestinus

hoc anno accessit Atlas Cælestis ab eodem Illmo
emptus.

hoc anno cum mandato eiusdem principis fuerunt per R. P. Burchardum
Heer empta Biblia Maxima.

Idem Princeps præter alia multa nummos argenteos, item
libros Gallicos et Latinos opuscula minora, dedit Bibliothecæ
baculum Serenissimi Ducis Lotharingiæ Caroli, quo usus
fuerat in Hungaria flagrante bello Turcico, eoque explorare
solitus hostes; continet n. perspectivum. Munus planè
dignissimum, quia à generosa ac victrice manu profectum.

Blick auf den geöffneten Nummophylacium-Schrank in der Handschriftenkammer der Stiftsbibliothek.

habe, darunter einen schwergewichtigen Kristall in Form eines Gebirges, eine eisenfarbige, nicht brennbare Perlenschnur *(linum asbestinum)* oder einen Magnetstein *(lapis magneticus)*, mit dem man das Mehrfache von dessen Eigengewicht anheben könne.[137] Diese Einzelstücke waren jedoch alle zufällig hierher gelangt.

Erst ab dem zweiten Viertel des 18. Jahrhunderts wurden in St. Gallen kontinuierlich und zielgerichtet Sammlungen angelegt. Es war vor allem das Verdienst von Abt Joseph von Rudolphi (1717–1740), der mit grossem finanziellen Engagement eine Münz- und Medaillensammlung aufbaute und damit gewissermassen den Startschuss gab. Zur wissenschaftlichen Erschliessung der Münzen und Medaillen liess er gleichzeitig auch themenbezogene (numismatische) Literatur ankaufen.[138] Einen bedeutenderen Ausbau erhielten verschiedene Sammlungen unter Bibliothekar Johann Nepomuk Hauntinger (1756–1823) ab 1780.[139] Jedoch wurde diese klösterliche Sammeltätigkeit ab 1798 jäh unterbrochen, als französische Truppen in St. Gallen einmarschierten und 1805 das Kloster St. Gallen gar aufgehoben wurde. Der St. Galler Fundus an Sammelstücken ausserhalb der Bücherbestände war indessen auch 1791 noch recht bescheiden, wie es die Aussage des Neresheimer Mönchs Placidus Calligari unterstreicht: *Das Naturalienkabinett entsprach meiner Erwartung bey solch einem berühmten Stifte nicht ganz.*[140] Calligari konnte dies einschätzen; er hatte auf seinen Reisen viele vergleichbare Sammlungen gesehen.

Und was befindet sich heute noch an Kuriositäten in der Bibliothek? Leider sind nur noch Reste der Sammlung vom Ende des 18. Jahrhunderts übrig geblieben. Vieles wurde weggegeben, so fast die gesamte naturwissenschaftliche Sammlung 1836 an die im gleichen Gebäude befindliche Knabenschule.[141] Einiges verschwand plötzlich, ohne Spuren zu hinterlassen, etwa die oben genannten Schwerter. Die heute meistbeachteten Objekte der Kuriositätensammlung in der Bibliothek, die Mumie Schepenese (1820) und der Nachbau des grossen Erd- und Himmelsglobus (2009), gelangten erst nach der Klosteraufhebung in die Stiftsbibliothek. Sie passen beide in die Sammelgeschichte der Bibliothek.Am komplettesten aus der Barockzeit in die Gegenwart hinübergerettet ist das Münz- und Medaillenkabinett, das in den Wirren der Französischen Revolution ins Ausland evakuiert worden war.

Wie sich solche Sammlungen heute noch präsentieren könnten, zeigt beispielhaft das Benediktinerstift Kremsmünster in Oberösterreich, in dessen barockzeitlicher Sternwarte (Mathematischer Turm) auf mehreren Etagen verschiedene Sammlungen und Instrumente bewundert werden können.

Münzen aus dem Nummophylacium.

Medaille von Papst Alexander VI. (1492–1503); Rückseite: die in seinem Pontifikat umgebaute Engelsburg. St. Gallen, Stiftsbibliothek, Münzsammlung, Rahmen 106/10

Medaille von Kaiserin Maria Theresia (1717–1780) von 1741 (Rahmen 116/3)

Zum Bruder-Klausen-Jahr 2017 Medaille von 1732 mit dem Porträt des Eremiten und Schweizer Nationalheiligen Niklaus von Flüe (1417–1487; Rahmen 96/3)

Zum Reformations-Gedenkjahr 2017 drei Medaillen von Reformatoren von 1726/1728 (John Wyclif, Jan Hus, Martin Luther; Rahmen 120/3, 120/1, 120/9)

Zwei Medaillen zu historischen Ereignissen: a) erfolgreiche Abwehr der zweiten Türkenbelagerung von Wien durch Kaiser Leopold I. von 1683 (Rahmen 113/1) b) Friedensschluss von Baden von Juni 1718 zwischen der Fürstabtei St. Gallen einer- und den reformierten Orten Zürich und Bern andererseits (Rahmen 91/8; vgl. S. 80–81)

Gustostücklein aus der Kuriositätensammlung

Steinbockbecher, um 1720/1740.

Schraubflasche aus Elfenbein, um 1600.

St. Gallen, Stiftsbibliothek Kuriositätensammlung

Zu den heute noch erhaltenen Objekten in der Kuriositätensammlung der Stiftsbibliothek[142] zählt ein Becher aus dem Horn eines Steinbocks, ein zylindrisches Gefäss, das ein Jäger aus dem Tirol mit Namen Wolfgang Mamuet dem St. Galler Fürstabt Joseph von Rudolphi (1717–1740) zum Preis von zwei Dublonen verkauft hatte. Im Becher befindet sich ein Echtheitszertifikat: *Dieser Becher von Steinbockshorn gemacht, so sehr köstlich und rar seynd und ... an kaiserlichen und königlichen Höfen sehr hoch aestimiert und erkauft worden. ... Es ist sehr gesund, daraus zu trinckhen.* Die äussere Becherwandung zeigt ein Rudel von Steinböcken auf einer Felsgruppe sowie einen Jäger, der auf eines der Tiere zielt, sowie eine Stadt.[143]

In der «Wunderkammer» der Stiftsbibliothek findet sich auch eine Schraubflasche mit einer Elfenbein-Ummantelung, die von Fachleuten in die Zeit um 1600 datiert wird. Ringsherum ins Elfenbein sind als Flachrelief figürliche Darstellungen eingeschnitzt, die in zwei Szenen die alttestamentliche Geschichte von Joseph und der Frau des Potiphar erzählen. Vor einer Burgenlandschaft zeigt Letztere ihrem Gatten Josephs Gewand und klagt ihn der Sünde an (Gen 39). In der zweiten Szene (ab Gen 40,9) deutet Joseph die Träume seiner Mithäftlinge, des Mundschenks und des Bäckers des Pharao. Wie diese Schraubflasche, die an Fuss und Verschluss mit Akanthus-Verzierungen geschmückt ist, in die ehemalige Klosterbibliothek gelangte, ist nicht bekannt.[144]

Der besterhaltene Teil der ehemaligen Kuriositätensammlung ist das Münzkabinett, das sich heute noch annähernd im Zustand der Zeit um 1795 befindet, zum Entzücken von Numismatikern. Der grosse Förderer der Münzsammlung war Abt Joseph von Rudolphi (1717–1740). *Ein wohl eingerichtetes MedalienCabinet* sei, notierte er in seinem Tagebuch, die *Anima Historiae* [die Seele der Geschichte].[145] 1738/39 liess er das heute noch in der ehemaligen Handschriftenkammer befindliche Münz- und Medaillenkabinett *(Nummophylacium)* anlegen. Dazu beauftragte der Fürstabt einen Herrn Sulzer, einen Münzkenner aus Winterthur, mit der Einrichtung.[146] Gleichzeitig erwarb er auch über 1'000 Münzen und Medaillen.[147]

In den Jahrzehnten danach wurde das Münz- und Medaillenkabinett kontinuierlich erweitert, im Laufe des 18. Jahrhunderts vor allem auch durch eine Art von «Zwangsgeschenken». Neugewählte Pfarrer und Beamte auf dem Gebiet der Fürstabtei, die von den Äbten eine Pfründe erhalten hatten, hatten als Dank dafür einmalig ein Buch oder eine Münze an die Klosterbibliothek abzugeben.[148] Den grössten Teil der am Ende der Klosterzeit sorgfältig erforschten Münz- und Medaillensammlung[149] bilden Münzen aus römischer Zeit (wobei sich im 20. Jahrhundert herausstellte, dass ein wesentlicher Teil davon Fälschungen sind).[150]

Pergamentbirett für Abt Joseph von Rudolphi

Im Jahr 1737 ins Kuriositätenkabinett der Klosterbibliothek eingeordnet wurde ein aus Pergament gefertigtes Birett. Vier St. Galler Mönche hatten diese priesterliche Kopfbedeckung mit zahlreichen kunstvollen emblematisch-allegorischen Bildern sowie mit Sinnsprüchen, Bibelzitaten etc. verziert und als Geschenk ihrem Abt Joseph von Rudolphi (1717–1740) zum Namenstag überreicht. Als Beteiligte[151] sind der spätere Bibliothekar P. Pius Kolb (1712–1762) als Poet und geistiger Vater, Frater Dominicus Feustlin (1713–1782) als Kalligraph, der zwei Generationen ältere P. Gabriel Hecht (1664–1745) als Maler und Klosterbruder Gabriel Loser (1701–1785) als Entwerfer der Skizzen genannt.[152]

Die vier Seiten und das Dach des Biretts stellen in Bild und Wort (teilweise in kaum lesbarer Mikroschrift) wichtige Episoden und Leistungen aus der Abtszeit des Gefeierten dar. Auf einer ersten Seite ist eine Orgel mit dem Familienwappen von Abt Joseph, einem Bock, zu sehen. Im Sinnspruch unter den Orgelpfeifen ist in einem Chronogramm die Jahrzahl 1737 versteckt *(Has posVIt VoCVM Venas, haeC organa VIVa Ingens IosephI et nota deI pIetas)*.[153] Flankiert wird die Orgel von den neun Musen mit Musikinstrumenten, vielleicht eine Allegorie auf die Förderung der Künste durch den Abt. Auf einer anderen Birett-Seite kniet der betende Abt im Ornat vor einem Altar. Zwei Birett-Seiten nehmen auf den Friedensschluss von Baden 1718 mit Zürich und Bern (vgl. S. 80–81) und die damit ermöglichte Rückkehr der Mönchsgemeinschaft aus dem Exil von Neuravensburg nach St. Gallen Bezug. Arche Noah, Regenbogen und Taube symbolisieren den Frieden, rechts davon verbrennt Abt Joseph, dargestellt durch sein Wappentier, Kriegsgerätschaft.

Auf der vierten Seite (vgl. Abbildung) streben Abt und Mönche in einem Schiff auf dem Bodensee heimatlichen Gefilden zu, flankiert von Klosterarchiv und -bibliothek, die kurz nach 1718 nach St. Gallen zurückkehrten. Der geflügelte Putto links steht vor einem kunstvoll gearbeiteten Schrank mit Archivschubladen und Registerbänden. Rechts werden die Verdienste des Abtes um die Bibliothek gefeiert, mit der Überschrift *Ioseph autem incrementum dedit* («Joseph aber gab Wachstum») und dem Bibelvers *Collaudabunt multi sapientiam eius* («Viele werden seine Weisheit preisen»; Pred 39,12). In den Regalen erkennt man juristische und theologische Literatur, darunter auch die fundamentale *Summa Theologica* des Thomas von Aquin.

Hat hier der Zeichner, Pater Gabriel, realitätsgetreu (oder zumindest realitätsnah) die Renaissance-Bibliothek und das Klosterarchiv von 1737 gezeichnet und gemalt? Wir wissen es nicht. Bisher kennen wir weder Bildzeugnisse noch Beschreibungen.

Pergamentbirett, mit Darstellung von Bibliothek und Archiv.

St. Gallen, Domschatz, früher Kuriositätenkabinett der Stiftsbibliothek Pergament, 15 × 7.5 cm Kloster St. Gallen, 1737

Quam Mars
expulerat, jam ra
te vecta redit
Theologi
Juris
us, qui apparuit in rubo, veniat super caput Ioseph

8

Attraktion für Gäste – Eldorado für Forschende

Karl Schmuki

Der spätbarocke Festsaal von 1758/1767 und die einzigartige Handschriftensammlung der Stiftsbibliothek St. Gallen zogen und ziehen Menschen aus allen Gesellschaftsschichten in ihren Bann. Dies zeigen die hohen Gästezahlen seit den 1960er-Jahren, als die wirtschaftliche Prosperität und die zunehmende Mobilität es immer mehr Menschen ermöglichten, Reisen zu unternehmen. Im 21. Jahrhundert strömten fast jährlich über 100'000 Personen in die Bibliothek. Immer wieder waren auch berühmte Persönlichkeiten von der Stiftsbibliothek fasziniert: Schriftsteller Friedrich Dürrenmatt (1989), Philosoph Karl Popper (1989), die deutschen Bundespräsidenten Roman Herzog (1995) und Johannes Rau (2002), die damalige US-Präsidentengattin und spätere Präsidentschaftskandidatin Hillary Clinton (1998), der norwegische König Harald V. (2006), der vormalige iranische Staatspräsident Mohammad Khatami (2007), UNO-Generalsekretär Kofi Annan (2010).

Berühmte Gäste hatte man in der Bibliothek schon im 18. und 19. Jahrhundert empfangen können. Kurz vorgestellt sind zwei Besuche, jener der Komponisten Franz Liszt und Richard Wagner im Jahr 1856 und die Visite von Herzog Karl Eugen von Württemberg 1787.

Daneben wirft die Stiftsbibliothek in diesem Abschnitt schlaglichtartig Blicke auf Aspekte ihrer vielfältig bewegten Geschichte der letzten gut zwei Jahrhunderte. Weiser Voraussicht der letzten Mönche und günstigen Fügungen des Schicksals ist die Geschlossenheit und Integrität des Handschriftenbestands zu verdanken. Wenig fehlte in der politisch bewegten Zeit zwischen 1797 bis 1804, und die Bestände wären in alle Winde zerstreut worden.

Dank ihrer Sammlung an Handschriften, vor allem jener aus dem frühen Mittelalter, ist die Stiftsbibliothek heute auch ein wissenschaftliches Forschungsinstitut von internationaler Ausstrahlung. Bereits im 19. Jahrhundert lockte sie Gelehrte aus aller Welt nach St. Gallen. Viele von ihnen liessen sich sogar St. Galler Manuskripte per Post an eine in der Nähe ihres Wohnorts gelegene wissenschaftliche Bibliothek senden, um dort an diesen Texten arbeiten zu können.

Mit ihren Bücherschätzen ist die Stiftsbibliothek immer wieder auch an Ausstellungen im In- und Ausland vertreten. Die Ausleihtätigkeit begann im Jahre 1885 mit der nicht ganz reibungslos verlaufenen Sendung von acht Handschriften an die *International Inventions Exhibition* in London.

Die Handschriftensammlung der Stiftsbibliothek wuchs nach der Klosteraufhebung 1805 weiter an. Mittlerweile stehen über 2'100 Manuskriptbände in den Regalen. Die bedeutendste Akzession konnte man 1930 tätigen, als 177 Handschriften aus der Bibliothek der Bischöfe von St. Gallen in den Bestand der Stiftsbibliothek integriert werden konnten.

Berühmte Gäste
Die Komponisten Franz Liszt und Richard Wagner 1856

Die beiden damals miteinander befreundeten Komponisten Franz Liszt (1811–1886) und Richard Wagner (1813–1883) genossen bereits in den 1850er-Jahren Weltruf. Liszt hatte bis 1854 einen Zyklus von neun sinfonischen Dichtungen veröffentlicht, Wagners musikalisches Genie hatte sich bereits mehrfach offenbart, besonders in seinen Opern, etwa in *Lohengrin, Der Fliegende Holländer, Rheingold* oder *Tannhäuser.*

Im Herbst 1856 weilte Liszt zu einem mehrwöchigen Besuch bei Richard Wagner und dessen grossem Freundeskreis in Zürich.[154] Beide kannten den in Leipzig ausgebildeten und seit 1855 in St.Gallen tätigen Musiker und Dirigenten Heinrich Szadrowsky (1828–1878). Dieser hatte in der Gallusstadt das kleine Sinfonieorchester übernommen und geschult und im Winter 1855/56 erstmals Abonnementskonzerte durchgeführt. Kurzfristig lud er anlässlich eines Besuchs in Zürich Liszt und Wagner, die in jenen Jahren nicht mehr im Konzertsaal aufzutreten pflegten, zum dritten Konzert der Saison 1856/57 ein. Da einerseits Liszt seinem Freund die neuen sinfonischen Dichtungen nicht nur in der Partitur oder im Klavierauszug vorführen wollte und Wagner andererseits sich erstmals an Beethovens dritter Sinfonie *(Eroica)* versuchen wollte, nutzten die beiden diese ihnen in St.Gallen gebotene Möglichkeit und sagten ihrem Freund zu. Am 23. November fand das Konzert statt.[155]Am Tag zuvor reisten die Komponisten mit ihren Familien und einer grösseren Entourage vormittags auf der eben eröffneten Eisenbahnlinie von Zürich nach St.Gallen.[156]

Das in der St.Galler Musikgeschichte einzigartige Konzert fand im Saal des Bibliotheksflügels der eben fertiggestellten Kantonsschule am Burggraben statt. Drei Dirigenten nahmen an jenem Sonntagabend den Taktstock in die Hand. Franz Liszt dirigierte seine eigenen sinfonischen Dichtungen *Orpheus* und *Les Préludes.* Zwischen den beiden Liszt-Werken übernahm Heinrich Szadrowsky für zwei Arien von Christoph Willibald Gluck die musikalische Leitung seines Orchesters.[157] Im zweiten Konzertteil dirigierte Richard Wagner erstmals Beethovens dritte Sinfonie.

Das Publikum war begeistert, die Presse überschlug sich in Superlativen, und auch die beiden grossen Komponisten blickten zufrieden auf dieses Konzert zurück. Franz Liszt bezeichnete das fast dreistündige, inzwischen zur Legende gewordene St.Galler Konzert zwölf Jahre später noch als «glänzende Abnormität».[158] Besonders hervorgehoben wurden Liszts Tondichtung *Les Préludes* (das Werk wurde gar ein zweites Mal gespielt) und Wagners Interpretation der Beethoven-Sinfonie. Das Konzert der beiden Musikgrössen in der Schweizer Provinz hatte weit über die Ostschweiz hinaus das Interesse der Musikfreunde geweckt.[159]

Programm des Konzerts von Franz Liszt und Richard Wagner vom 23. November 1856 in der Kantonsschule St.Gallen.

Neues Tagblatt aus der östlichen Schweiz, 19. November 1856

Abonnements-Concerte.

Nach einer von Herrn Dr. *Franz Liszt* eingetroffenen telegraphischen Depesche befindet sich derselbe wieder wohl und ist unser *drittes Abonnements-Concert*, in welchem die Herren Dr. *Franz Liszt* und *Richard Wagner* mitzuwirken die Güte haben, auf kommenden

Sonntag, den 23. November,

definitiv festgesetzt.

Das Concert-Programm besagt das Nähere.

Die Direktion.

Drittes Abonnements-Concert

Sonntag, den 23. November 1856.

Im Saale des Bibliothekgebäudes

(neues Schulhaus)

mit bedeutend verstärktem Orchester.

I. THEIL.

Unter der Direction des Herrn Dr. Franz Liszt.

„Orpheus“, symphonische Dichtung für Orchester von Franz Liszt.

Unter Direction unseres Dirigenten Herrn Sczadrowsky.

2 Romanzen { 1. aus *„Armide“*; 2. aus *„Iphigenia in Aulis“*, } von Gluck.

gesungen von Fräulein Stehle.

Unter der Direction des Herrn Dr. Franz Liszt.

„Les Préludes“, symphonische Dichtung für Orchester von Franz Liszt.

II. THEIL.

Unter der Direction des Herrn Richard Wagner.

Sinfonia eroica von L. van Beethoven.

I. Satz: *Allegro.*
II. — *Maria Funebre.*
III. — *Scherzo.*
IV. — *Finale.*

Kassa-Eröffnung: 6 ½ Uhr Abends. *Anfang*: 7 ¼ Uhr *präcis.*

Ende gegen 9 ¼ Uhr.

Billets à Fr. 5. sind zu haben bei Hrn. Heim an der Brühlgasse und Abends an der Kasse.

1856.

15. Oct. Dr. Theodor Hug in Schaffhausen.

Dr. Arnold Hug in Winterthur

20 Oct. Baron de Krudener et sa fille Marguerite.

25. Oct. Pfr. Rütimeyer in Herzogenbuchsee.

25 Oct. Theodor Herberger Archivar in Augsburg.

30 Oct. U. Rebsamen, Seminardirektor in Kreuzlingen.

= = Freiherr von Gemmingen

= = Frhr. v. Türkheim aus Karlsruhe

= = Geh. Hofrath Dr. Schrickel daher.

= = Cabinetsrath Dr. Ullmann.

31 = Ch. Combes de l'académie des sciences de l'institut

3 Nov. P. Anselm Schubiger, Musicdirector von Einsiedeln. (zu untersuch der handschriftl. Codices mit Neumen).

10. " Leonh. v. Marchion v. Wallenstadt, Kreispräs. des Kreises Flums, St. Gallen

22 " Schw. M. Cäcilia, Schulschwester u. Schwester M. Salesia mit sämtlichen Pensionnaires des Töchterinstitutes Rorschach.

24 " F. Liszt

" " Richard Wagner.

" " Franz Arnold Wille.

" " G. Herwegh.

" " G. Semper prof. am Schweiz. Polytechnicum.

" " [illegible]

29 Nov. [illegible], k. k. [illegible]

Unterschriften von Franz Liszt, Richard Wagner und ihren Begleitern im Besucherbuch der Stiftsbibliothek, 24. November 1856.

St. Gallen, Stiftsbibliothek Archiv M II 01, Besucherbuch 1824–1864

Tags darauf, am 24. November 1856, statteten Liszt und Wagner in Begleitung zahlreicher Freunde der Stiftsbibliothek einen Besuch ab und trugen sich ins Besucherbuch ein. Der Reihe nach unterschrieben im ältesten Gästebuch der Bibliothek:

- Franz Liszt
- Richard Wagner
- Franz Arnold Wille (1811–1896), Journalist und Freund Wagners während dessen Zürcher Exil-Jahren
- Georg Herwegh (1817–1875), sozialistisch-revolutionärer Schriftsteller und Lyriker im politischen Exil in Zürich
- Gottfried Semper (1803–1879), Professor für Architektur und Kunsttheorie an der Eidgenössischen Technischen Hochschule in Zürich, Erbauer des ETH-Gebäudes in Zürich und der Semper-Oper in Dresden
- Heinrich Szadrowsky, St. Galler Dirigent und Gastgeber.

Nicht ins Gästebuch eingetragen haben sich die weiblichen Gäste, etwa die russische Fürstin Carolyne zu Sayn-Wittgenstein (1819–1887), die damalige Freundin von Franz Liszt, mit ihrer Tochter Marie, oder Minna Wagner und Emma Herwegh, die Gemahlinnen von Richard Wagner bzw. Georg Herwegh. Ob sie die sechs Männer in die Bibliothek begleiteten oder nicht, überliefern die Quellen leider nicht.

Die beiden Komponisten – und mit ihnen die meisten ihrer illustren Gäste – blieben bis zum 27. November im Hotel Hecht am Marktplatz einlogiert. Es waren dies übrigens fast allesamt deutsche Flüchtlinge, die nach der Niederschlagung der Märzrevolution 1848/49 aus politischen Gründen aus Deutschland in die Schweiz emigriert waren. In privatem Kreise erlebten sie vergnügte Tage, am Tag des Bibliotheksbesuchs etwa im Haus des begüterten St. Galler Kaufmanns Charles Edouard Bourry, des Hauptinitianten der St. Galler Abonnementskonzerte, oder anlässlich einer Nachfeier mit Bankett am 26. November in geselliger Runde mit rund vierzig St. Galler Musikfreunden im Saal des Hotels Hecht.

Am 27. November löste sich die Runde auf; Franz Liszt verabschiedete sich nach München, und Richard Wagner kehrte nach Zürich zurück.[160]

Berühmte Gäste

Herzog Karl Eugen von Württemberg 1787

Der kulturinteressierte Herzog Karl Eugen von Württemberg (1728–1793; Herzog ab 1737) war nicht nur ein bedeutender Büchersammler, sondern auch ein guter Bücherkenner. Bei seinem Tod 1793 hinterliess er eine Bibliothek von 100'000 Bänden und auf seinen vielen Reisen besuchte er bevorzugt bedeutende Bibliotheken.[161] Am 8. Januar 1787 äusserte seine Gemahlin Franziska von Hohenheim den Wunsch, ihren 39. Geburtstag (10.1.) nicht am herzoglichen Hof in Stuttgart-Hohenheim zu verbringen. Karl Eugen erfüllte ihren Wunsch: *... wählte das Stifft St. Gallen zum Gegenstand unßerer Ausfahrt.*[162] Der St. Galler Abt Beda Angehrn (1767–1796) erfuhr dadurch natürlich erst ganz kurzfristig von den Plänen des hochrangigen Gasts, nämlich am Ankunftstag selbst.[163] Entsprechend konnte er kaum Vorbereitungen für den Besuch treffen; einzig alle Gästezimmer im Kloster liess er heizen.

Karl Eugen traf mit seinem Gefolge am Nachmittag des 10. Januar in St. Gallen ein und stieg im Gasthaus Ochsen in der reformierten Stadt St. Gallen ab. Damals üblichen Gepflogenheiten gemäss sandte er nach seiner Ankunft seinen Kammerherrn zu Abt Beda, um ihm seine Reverenz zu erweisen und die Ankunft anzuzeigen. Beda beauftragte darauf zwei seiner Patres, Offizial Gerold Brandenberg und Bibliothekar Johann Nepomuk Hauntinger, den hochrangigen Gast für den nächsten Tag auch formell ins Kloster einzuladen.[164]

Mit Verspätung traf Karl Eugen, der vorher die Bibliothek der Stadt St. Gallen besichtigt hatte, am Mittag des 11. Januar im Kloster ein. Mit acht Patres und einigen Spitzenbeamten empfing ihn Abt Beda in seinem Empfangssaal in der neuen Pfalz. Einem kurzen Gespräch unter vier Augen im grünen Zimmer *(weil es das wärmste war)* folgten die Besichtigung der Klosterkirche und ein kleiner Imbiss mit anschliessendem Kaffee.[165]

Hauptanlass der Reise nach St. Gallen war jedoch der Besuch der berühmten Klosterbibliothek, die, so der Herzog im Tagebuch, nicht unbeträchtlich [sei] *und die an Manuscripten würcklich einen Reichthum besizt.*[166] Weil Abt Beda in jenen Tagen in starkem Masse an seiner Gicht litt, lehnte der Herzog dessen Ansinnen ab, ihn zu begleiten. So übernahm P. Johann Nepomuk Hauntinger die Betreuung des hohen Gasts in der Bibliothek und zeigte diesem natürlich auch einige der kostbarsten Manuskripte. Der junge Bibliothekar, hielt Karl Eugen fest, habe *guthe Anlaage zu dießem Ambth,* würde jedoch seinen Eifer übertreiben und die Manuskripte der Büchersammlung zu sehr *antidatiren* (älter machen, als sie sind).[167] Der Besuch der Bibliothek hatte beim Abt einige Unruhe ausgelöst, weil sich diese innerhalb der Klausur befand und der Zutritt für Frauen damit verboten war. Er habe die Herzogin, schrieb Beda in sein Tagebuch, *in die Clausur ... einlassen mües-*

sen, und rechtfertigte sich damit, dass beim Besuch seiner hochrangigen Gäste im Jahr 1783 in der Klosterbibliothek Einsiedeln ähnlich verfahren worden sei.[168] Am Ende übergab der Herzog seinem Gastgeber zuhanden der Klosterbibliothek zwei neue Stuttgarter Drucke, verabschiedete sich und fuhr in seine Herberge zurück.[169]

Bei einem Vergleich der Tagebücher sind die unterschiedlichen Eindrücke nennenswert, die die beiden Fürsten voneinander gewannen. Abt Beda nennt den Herzog *docte et erudite* (also gebildet und aufgeklärt-gelehrt), während der adelige Herzog seinen Gastgeber in seiner charakteristischen Art ziemlich dünkelhaft beurteilt und dessen Mangel an höfischen Sitten bedauert: *Der Fürst, der Sohn eines gemeinen Mannes aus dem St. Gallischen, ist ganz ohne Erziehung und Welt, auch mit wenigen Gaaben und Wissenschaften begabt, sonsten aber nach jedermanns Äusserung von sehr gutem moralischem Charakter.*[170]

Der Besuch von Herzog Karl Eugen war damit noch nicht abgeschlossen: Etwas später kam dessen Kammerdiener ins Kloster zurück und begehrte vom Klosterbibliothekar im Namen des Herzogs ein *vornemes Manuscript, Codex aureus genannt, ... als ein Angedencken von St. Gallen* (Cod. Sang. 22). Dieser Wunsch wurde ihm indessen höflich, mit aller Anständigkeit, abgeschlagen.[171]

Wie vier Jahre später P. Placidus Calligari (1740–1817) aus dem Benediktinerkloster Neresheim in der Beschreibung seiner Reise nach St. Gallen schreibt, habe unlängst eine ungenannte hohe Person die einzigen Papyrusblätter der St. Galler Klosterbibliothek aus dem 7. Jahrhundert für sich erwerben wollen.[172] Diese hochrangige Person (es muss sich um Herzog Karl Eugen gehandelt haben) habe versprochen, das Holzkästchen, in dem sich diese 22 Blätter bis zum Jahr 1899 befanden, mit purem Gold zu füllen, wenn sie dafür diese Blätter bekäme. Die Klosteroberen gaben dem Gast jedoch einen abschlägigen Bescheid.

Die Papyrusblätter befinden sich heute noch als Cod. Sang. 226 in der Stiftsbibliothek; 1899/1900 wurden sie im Ägyptischen Museum in Berlin aus konservatorischen Gründen je zwischen zwei Glasscheiben gefasst. Diese in Südfrankreich nach 650 in Unzialschrift geschriebenen Blätter enthalten vorwiegend Teile aus dem zweiten Buch der *Synonyma* des Isidor von Sevilla († 636). Das Holzkästchen, in dem sich die Blätter früher befanden, ist noch vorhanden, ebenso ein kleines Heft mit wissenschaftsgeschichtlich wertvollen Informationen von P. Ildefons von Arx vom Beginn des 19. Jahrhunderts.[173]

Das Holzkästchen, in dem die Blätter von Cod. Sang. 226 ursprünglich untergebracht waren und das Herzog Karl Eugen mit Gold ausgiessen lassen wollte, sowie eine Seite des Isidor-Papyrus.

St. Gallen, Stiftsbibliothek
Cod. Sang. 226, S. 11
Papyrus, 22 Blätter,
25 × 19 cm
Südfrankreich, nach 650

qualiterbonodomine;placias qualiterpla
ceas·sermoindomniactionemtame
discretionem;innullaremindiscre
tusappareas;seruumquoque
uirtutemcongruaintempore
suocumbenedistinxerisopus
tuumoptimeinstrueris;quicquid
bonumestcumdiscretionefe
ceris uirtusest;quicquidsine
discretionemfecerisuitiumest;
uirtusenimindiscretaprouitio
deputatur;quodtibifierinonuisfac
alteri;quodiustumpatiatitibial
teriushocettufacilli;talesesto
aliisqualisoptasesseergate
alius;testimoniumnoliutnoceas;
adnulliuspericulumuocemuttes
tificationespraebeas;sermo
tuosneanimascuiusquamnecnec
inpediat;quodnonuispatinon
faciasalteri;quodnonuisfieri
nonfacias
tibialteri;noninferas·al[...]
nepatiarissimilia;inresermo[...]

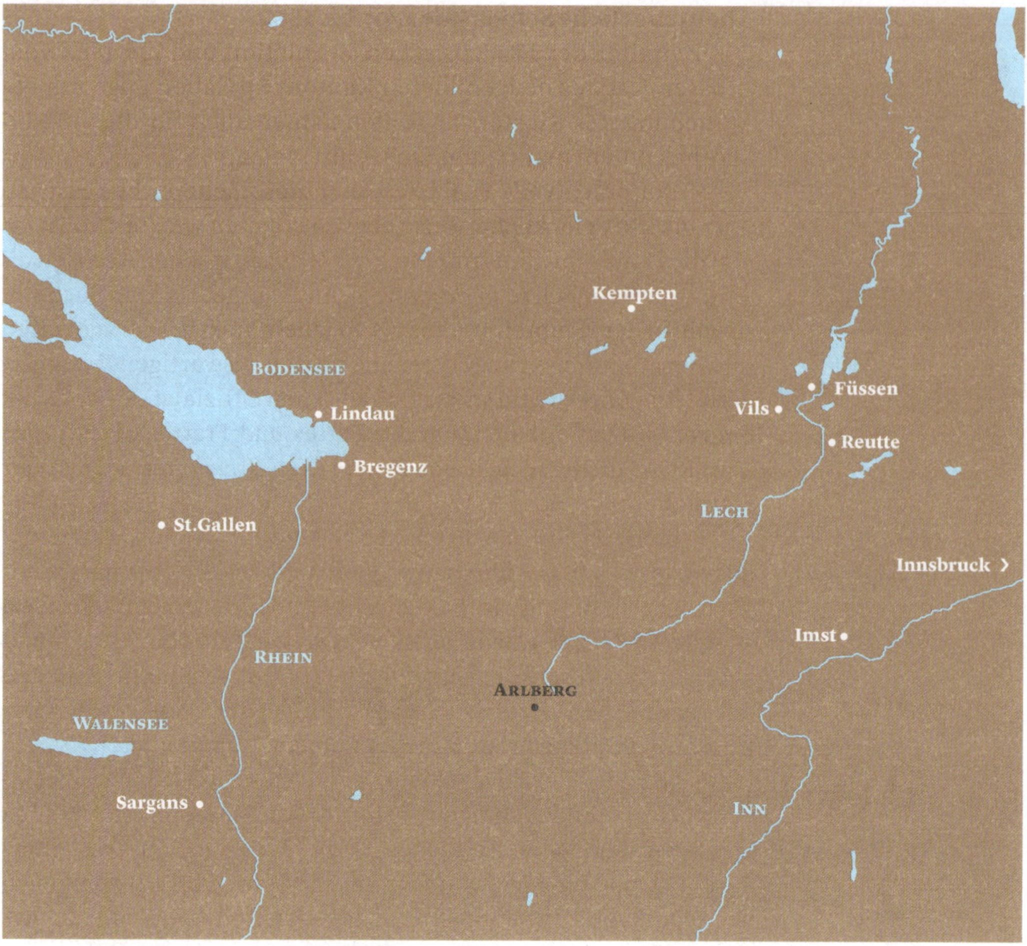

Kempten
Bodensee
Lindau
Bregenz
St.Gallen
Füssen
Vils
Reutte
Lech
Innsbruck ›
Imst
Rhein
Arlberg
Walensee
Sargans
Inn

Karte der Fluchtorte der Stiftsbibliothek und des Stiftsarchivs 1797–1804.

Abenteuerliche Schicksale 1797 bis 1804

Das Zeitalter der Französischen Revolution und die 1805 vom Grossen Rat des neugebildeten Kantons St. Gallen angeordnete Aufhebung des Klosters St. Gallen kamen auch für die Stiftsbibliothek einem markanten Einschnitt gleich.

Der prachtvolle Saal blieb über diese Zeitepoche zwischen 1797 bis 1805 glücklicherweise ebenso erhalten wie (fast vollständig) die Handschriftensammlung. Aber es gab in jenen wechselvollen Jahren dennoch schmerzhafte Verluste an gedruckten Büchern, sowohl in der Hauptbibliothek als vor allem auch bei den kleineren Büchersammlungen im Kloster und dessen auswärtigen Zweigniederlassungen, etwa im stiftsanktgallischen Offizialat, im *Musaeum Fratrorum* (Aufenthaltsraum der Patres und Fratres), im Kloster Mariaberg in Rorschach, im Priorat Neu St. Johann oder in der Statthalterei im Hof von Wil.

Dass sich die Bücherschätze und die Archivalien des ehemaligen Klosters heute überhaupt noch (und das in einer derart reichen Überlieferung) in St. Gallen befinden, ist nicht selbstverständlich.[174] Dies war in jener hektischen Zeit dem klugen und abwägenden Vorausdenken und einer realistischen Einschätzung der politischen Bedrohungslage durch Abt Pankraz Vorster (1796–1829), Klosterbibliothekar Johann Nepomuk Hauntinger (1756–1823) und Archivar Ildefons von Arx (1755–1833) wie natürlich auch einer notwendigen Portion Glück zu verdanken.[175]

Bei den ersten Anzeichen einer Bedrohung der Ostschweiz durch französische Revolutionstruppen liessen die Obgenannten in der gebotenen Diskretion ihre wichtigsten Bestände mit Fuhrwerken über die Grenze ins benachbarte Ausland transportieren, vorerst 1797/98 ins Kloster Mehrerau bei Bregenz und recht bald (Herbst 1798) weiter ins Kloster St. Mang in Füssen. Als sich auch dort die Gefährdungslage für die damals schon berühmten St. Galler Bücher- und Archivschätze zuzuspitzen begann (1802/03), wurden die Kostbarkeiten an drei abgelegene Zufluchtsstätten im Tirol weitertransportiert, nach Vils (südlich der Grenze bei Füssen; Archiv), nach Imst (Bibliothek) und nach Reutte (Münzsammlung). Wertvolle St. Galler Bücherbestände befanden sich im Sommer 1803 zudem, in Kisten verpackt, auch in Privathäusern von vertrauenswürdigen Einwohnern in der Stadt St. Gallen und in Füssen. Der grösste Teil der Drucke befand sich aber auch damals im Barocksaal der Stiftsbibliothek.

Im Büchersaal zurück liessen die Mönche vor allem theologisch-spirituelle, kirchenrechtliche und philosophische Literatur sowie Bibelkommentare, Werke, die für die auf die St.Galler Bestände erpichten Zentralbehörden der helvetischen Republik nicht von Interesse waren. *Die Bibliothek selbsten hat fast gar keinen Werth mehr; wenn ich die alten Drucke wegen der Seltenheit wegnehme, so wollte ich die übrigen nicht geschenkt,* urteilte selbst der St.Galler Mönch Anselm Caspar Ende Mai 1798.[176]

Trotzdem liess man von obrigkeitlicher Seite im Winter 1799/1800 die im Barocksaal verbliebenen Bestände verzeichnen. Der bayerische Theologe, Jurist und Schriftsteller Andreas Moser (1766–1806) listete in kurzer Zeit über 6'000 gedruckte Werke auf.[177] Ein heute verschollenes Exemplar des Bücherkatalogs sandte man im März 1800 an die helvetische Regierung. Glücklicherweise hat sich in St.Gallen eine Abschrift davon – leider schwer beschädigt und im 20. Jahrhundert notdürftig restauriert – als Cod. Sang. 2000 *(Catalogus librorum)* erhalten. Dieser Band ist heute der älteste überlieferte grössere Teilkatalog der gedruckten Bücherbestände.[178]

Die sich im Tirol und im südöstlichen Allgäu befindlichen St.Galler Kostbarkeiten kehrten zwischen Februar und April 1804 in ihre Heimat zurück. Nach langen Jahren von Unruhen und Richtungskämpfen war im Frühling 1803 unter Vermittlung von Napoleon Bonaparte der Kanton St.Gallen entstanden, ein anfangs noch sehr fragiles Konstrukt, das aus verschiedensten, aus historischer Sicht sehr heterogenen Gebieten zusammengesetzt worden war, die vorher nie eine Einheit gebildet hatten (Stadt St.Gallen, Territorium der Fürstabtei St.Gallen, Untertanengebiete). Die politische Situation hatte sich nach der Kantonsgründung beruhigt, und der Regierung war es unter der Führung von Regierungspräsident Karl Müller-Friedberg (1755–1836) auf diplomatischem Weg gelungen,[179] die ausländischen Machthaber zu bewegen, dass die St.Galler Kostbarkeiten aus Bibliothek und Archiv herausgegeben wurden, entgegen dem Willen des machtlosen Abt Pankraz Vorster.[180]

Eine Seite aus dem Verzeichnis der im Barocksaal verbliebenen Bücher, zusammengestellt von Andreas Moser.

St.Gallen, Stiftsbibliothek
Cod. Sang. 2000, S. 93
Papier, 245 Seiten,
40 × 26 cm
St.Gallen, Andreas Moser,
1799/1800

2559.	Lalanne Juris dissertatio de ingressu in secretaria judicum		4to	Aureliae	1674.
2560.	Kaiser Karl des VI Wahlkapitulation		do	Leipzig	1742.
2561.	Historische Nachricht über den Criminal-Prozess		do	Frankf. und Leipzig	1738.
2562.	Acta in Consistorio secreto habito a Pio VI^to		do	Romae	1778.
2563.	Jetzius de statutis pactis etc.		do	Argentorati	1699.
2564.	[illegible]				1621.
2565.	Sixtinus de regalibus —		do	Francofurti	1617.
2566.	Limnaei capitulationes imperatorum et regum romano germanicorum		do	Argentorati	1651.
2567.	Wegelini praerogativa civitatis Lindaviensis		do	Jenae	1742.
2568.	Tractatus de Judaeis —		do	Venetiis	1558.
2569.	Fornerii selectiones —		do	Aureliae	1566.
2570.	Scioppii consilium regium —		do	[illegible]	1619.
2571.	Jockelius de rom. imperii Sueciae et Franconiae circularium Comitiorum jure		do	Lindaviae	1688.
2572.	[illegible]		do	Mainz	1648.
2573.	Mosers Grundriss heutiger Staatsverfassung des teutschen Reichs		8vo	Tübingen	1745.
2574.	Historische Sammlung von Staatsschriften	III tomi	do	Frankfurt	1744.
2575.	Neue do do	III tomi	do	do	1745.
2576.	Neueste Staatsgeschichte — 12 Theile 1 vol.		do	do	do
2577.	Sammlung einiger Staatsschriften 18 [illegible]	IV tomi	do	do	1741.
2578.	Reichshofraths Conclusa	III tomi	do	do	1726.
2579.	Colleti historia fori romani		do	Duaci	1572.
2580.	Pickleri candidatus [illegible]		do	Aug. Vindel.	1731.
2581.	Englische Memoires [illegible]	II tomi	do	Leipzig	1741.
2582.	Vitriarii institutiones [illegible]		do	Norimbergae	1727.
2583.	Gundlings [illegible]		do	Frankfurt	1688.

Magischer Anziehungspunkt für Gelehrte

Für eine grosse Zahl von Gelehrten, die für die im 19. und 20. Jahrhunderten entstehenden wissenschaftlichen Editionsprojekte arbeiteten, war die Stiftsbibliothek St. Gallen ein magischer Anziehungspunkt. Mitarbeiter der *Monumenta Germaniae Historica* (ab 1819), der *Bibliotheca Teubneriana* (ab 1849), des *Corpus Scriptorum Ecclesiasticorum Latinorum* (ab 1864) oder des Editionswerks *Corpus Christianorum* (*Series Latina, Continuatio Mediaevalis;* ab 1947) weilten für ihre Forschungen teilweise wochenlang in St. Gallen. In den Jahresberichten der Stiftsbibliothek aus der zweiten Hälfte des 19. Jahrhunderts werden Namen von zehn, zwanzig oder noch mehr Wissenschaftlern genannt, die vor allem in den Sommermonaten St. Galler Kodizes konsultierten.

In der Regel schwärmten die Wissenschaftler – im 19. Jahrhundert ausnahmslos Männer – von ihren Besuchen in St. Gallen, von der Atmosphäre in der Stiftsbibliothek, wie dies aus einem Brief des Rechtshistorikers Gustav Hänel an Bibliothekar Ildefons von Arx von 1825 hervorgeht: *... vor anderthalb Jahren, als ich so glücklich war, mehrere Wochen in Ihrer Bibliothek mittelst Ihrer mir ewig unvergesslichen Gefälligkeit zu verleben.*[181] Ähnlich hatten sich 1819 die beiden Historiker Karl Georg Dümge (1772–1845) und Franz Joseph Mone (1796–1871) über ihren Besuch in St. Gallen geäussert: *In diesem ungemein anmuthigen Saale* [im Handschriftenkabinett] *ward uns zu arbeiten vergönnet, umringt von den Gegenständen unserer Forschbegierde ... Mit schwerem Herzen trennten wir uns endlich von dem geliebten Orte, wo wir ausser den lehrreichsten ... Beschäftigungen für den Zweck unserer Reise auch allenthalben die liberalste und wohlwollendste Aufnahme gefunden haben.*[182]

Stellvertretend steht die für mehrere Texte wichtige Sammelhandschrift Cod. Sang. 197. Vorne (S. 1–87) enthält sie die textgeschichtlich wichtigste Abschrift des unter dem Pseudonym Dictys Cretensis veröffentlichten lateinischen Trojaromans *Ephemeridos belli Troiani libri* aus dem vierten nachchristlichen Jahrhundert. Sowohl die Edition von Ferdinand Meister von 1872 als auch die neueste kritische Ausgabe von Werner Eisenhut 1973 stufen diesen um 900 geschriebenen St. Galler Text als die wichtigste von dreizehn heute erhaltenen mittelalterlichen Fassungen des Trojaromans ein. Erzählt wird darin der Bericht eines Kreters, der sich auf der griechischen Seite am Trojanischen Krieg beteiligte.[183]

Der Kodex enthält in einziger Überlieferung auch zwei Briefgedichte aus dem Umfeld des St. Galler Abts und Konstanzer Bischofs Salomo, darunter eines des St. Galler Bibliothekars Waldram (S. 321–328),[184] sowie weitere Texte in wichtigen Abschriften.[185]

Der Anfang des Trojaromans *Ephemeridos belli Troiani libri* des Dictys Cretensis.

St. Gallen, Stiftsbibliothek
Cod. Sang. 197, S. 1
Pergament, 398 Seiten,
26 × 17 cm
Kloster St. Gallen, 883/896

DICTYS CRETENSIS GENERE GNOSSO CIVITATE · HISDEM TEMPORIBUS ·

quib(us) & atridae fuit, peritus uocis ac litteris foenicum quae a cath
mo in achaiam fuerant delatę · Hic fuit socius idomenei deucali
onis filii · & merionis ex molo · qui duces cum exercitu contra ilium
uenerant · A quib(us) ordinatus est · ut annales belli troiani conscri
ber& · Igitur de toto bello sex uolumina in tilias digessit · foenicas lit
teris · Quae iam reuersus senior in cretam · p(rae)cepit moriens · ut secu(m)
sepelirentur · Itaq(ue) ut ille iusserat · memoratas tilias in stagnea arcula
repositas eius tumulo condiderunt · Verum secutis temporib(us)
tertio decimo anno neronis imperii · in gnosso ciuitate terrae
motus facti cu(m) multa · tum & iā sepulchrum dyctis ita patefece
runt · ut a transeuntib(us) arcula uiser&ur · Pastores itaq(ue) p(rae)tereun
tes cum hanc uidissent · thesauru(m) rati sepulchro abstulerunt ·
Et aperta ea inuenerunt (tilias) incognitis sibi litteris conscriptas conti
nuoq(ue) ad suum dominum eupraxidē quendam nomine pertulerunt.
Qui agnitas quae nā eent litteras rutilio rufo illius insulę
tunc consulari obtulit · Ille cum ipso eupraxide ad neronem obla
ta sibi transmisit · existimans quaedam in his secretiora con
tineri · Haec igitur cum nero accepiss& · aduertiss&q(ue) pu
nicas eē litteras · harum peritos ad se euocauit · qui cū uenis
sent int(er)p(re)tati sunt om(n)ia · Cumq(ue) nero cognoss& antiqui uiri
qui apud ilium fuerant haec eē monumenta · iussit in gre
cū sermonē ista transferri · E quib(us) troiani belli uerior tex
tus cunctis innotuit · Tunc eupraxiden munerib(us) & romana
ciuitate donatum ad cypria remisit · Annales uero nomine
dictis inscriptos · in grecam bibliotecā recepit · quorum
seriem quisequitur textus ostendit

HAEC INSUNT DICTYS EPHEMERIDOS BELLI TROIANI LIBRI SEX ·

Cuncti reges qui minois ioue geniti p(ro)nepotes graecię imperi
tabant · ad diuidendas inter se atrei opes cretam conuenere ·

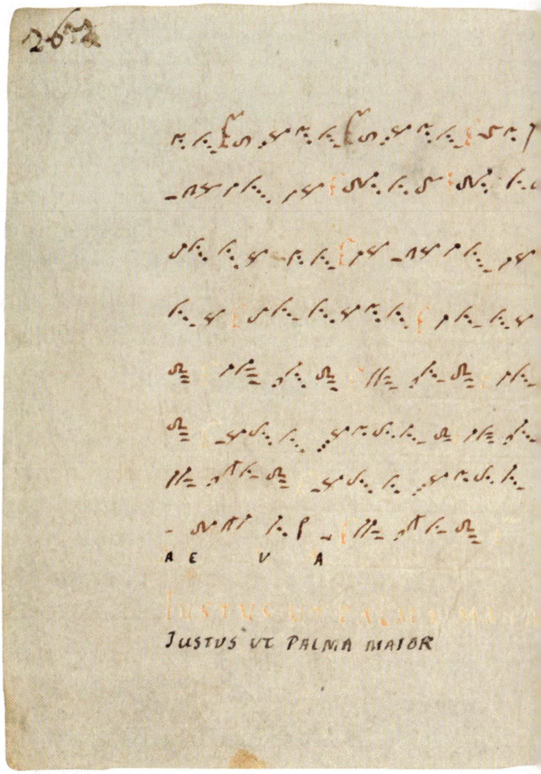
A E V A
JUSTUS UT PALMA MAIOR

Die bei der Londoner Ausstellung 1885 an den Ecken des Holzeinbands beschädigte Handschrift Cod. Sang. 484.

St. Gallen, Stiftsbibliothek Cod. Sang. 484, S. 262 und Rückendeckel Pergament, 323 Seiten, 10 × 8 cm Kloster St. Gallen, 925/950

Handschriftenausleihen

Die heutig gebräuchliche Usanz, Bücher der Stiftsbibliothek an auswärtige Ausstellungen im In- und Ausland auszuleihen, hat keine sehr lange Geschichte. Es war am 6. Juli 1885, als die Stiftsbibliothek erstmals acht Handschriften verpackte und in drei Kisten per Post an die *International Inventions Exhibition* in den Londoner Stadtteil South Kensington sandte. In dieser unter der Schirmherrschaft von Königin Victoria (1819–1901) stehenden Weltausstellung bereicherten die St. Galler Kodizes den Sektor «Musik», in dem neben Handschriften auch Instrumente, Gemälde, Kupferstiche und weitere Objekte mit Bezug zum Thema präsentiert wurden. Ausgeliehen wurden die früh- und hochmittelalterlichen Musikhandschriften Cod. Sang. 339, 340, 359, 376, 389 und 484, der mit Renaissance-Musikinstrumenten reich bebilderte Cod. Sang. 542 sowie der Psalter Notkers des Deutschen (Cod. Sang. 21, Frontispiz von Instrumente spielenden Musikern).

Die Anfrage aus London war sehr spät bei Stiftsbibliothekar Johann Nepomuk Idtensohn (1827–1892) eingetroffen. Nach reiflichen Überlegungen und in Absprache mit dem Präsidenten des Katholischen Administrationsrates, Josef Anton Walliser (1814–1895), entschied man sich zur erstmaligen Ausleihe von Handschriften an eine Ausstellung.[186]

Am 24. November 1885 trafen die Kisten mit den Leihgaben aus London wieder in der Stiftsbibliothek ein. Bibliothekar Idtensohn zeigte sich nach dem ersten Augenschein schockiert: Die drei Kisten waren am Wochenende in der Post von St. Gallen geblieben, die Kiste mit dem grossformatigen Cod. Sang. 542 war bereits geöffnet worden (von den Zollbehörden), und der Zustand der übrigen Handschriften machte auf den Bibliothekar «ein betrübendes Bild». Bei näherem Betrachten zeigten sich vor allem die beiden Codices Sangallenses 21 und 484 beschädigt. Der Psalter Notkers des Deutschen wies auf rund 80 Blättern Ölflecken auf, und bei Cod. Sang. 484 waren dessen hölzerne Deckel auf beiden Seiten, unten und oben, «mit einem Messer etwas abgeschnitten» worden, sei es mutwillig oder aber aus Platzmangel bei der Präsentation in London.[187] Die Abbildung rechts zeigt die beschnittenen Einbandecken der Handschrift.

Es kam in der Folge zu einer Schadenersatzklage vonseiten St. Gallens und zu längeren juristischen Auseinandersetzungen zwischen St. Gallen und der Ausstellungsleitung in London.[188] Die Briten bedauerten den Vorfall zwar, bestritten jedoch die Schuld an der Beschädigung beider Handschriften. 1887 fand man sich – ohne gerichtliche Verhandlung – zu einem Vergleich: Das British Museum in London schenkte der Stiftsbibliothek ein Exemplar des zwischen 1879 und 1883 veröffentlichten wertvollen Faksimiles des vierbändigen Codex Alexandrinus, einer griechischen Bibelhandschrift aus dem 5. Jahrhundert.[189]

Handschriftenzuwachs aus der Bischöflichen Bibliothek

Den numerisch grössten Zuwachs an Handschriften in den letzten zwei Jahrhunderten erhielt die Stiftsbibliothek im Jahr 1930. Der neue St.Galler Bischof Aloisius Scheiwiler (1872–1938)[190] wollte sich von vielen der in seiner Residenz befindlichen Bücher trennen, die seine Vorgänger gesammelt hatten. Er bat Stiftsbibliothekar Adolf Fäh (1858–1932) um eine Durchsicht der Bestände auf Bücher, die für die Stiftsbibliothek und die wissenschaftliche Forschung von Interesse sein könnten. Fäh übernahm die Aufgabe und wählte aus dem reichen Fundus eine grosse Zahl von Büchern aus. 45 Inkunabeln und Frühdrucke sowie 177 Handschriften gelangten von der Bibliothek der St.Galler Bischöfe am 16. September 1930 als Depositum in die nahe gelegene Stiftsbibliothek.[191] In all diesen Büchern findet sich ein eingeklebter Zettel mit dem Eigentumsvermerk: *Eigentum der st.gallischen bischöflichen Bibliothek, 16. September 1930 der Stiftsbibliothek zur Aufbewahrung übergeben. Ad. Fäh, Bibl.*

Die meisten Handschriften hatte der Theologe, Kirchenhistoriker und zweite Bischof von St.Gallen Carl Johann Greith (1807–1882, Bischof 1862–1882) gesammelt. Sie stammten aus im Lauf des 19. Jahrhunderts aufgehobenen Frauenklöstern (Hermetschwil, St.Katharinental, Tänikon) oder aus Frauenklöstern des Bistums St.Gallen (Notkersegg, Magdenau, Wil). Die grösste Zahl der neu hinzugekommenen Codices gehörte einst dem Dominikanerinnenkloster Wil, so auch der Sammelband Cod. Sang. 1859.[192] Der kleinformatige Band, gegen 1500 in einem Strassburger Dominikanerinnenkloster (St.Agnes oder St.Margareta) geschrieben, gelangte bereits kurz nach der Entstehung ins Dominikanerinnenkloster St.Gallen.[193]

In sehr guter Überlieferung enthält der Band mehrere aszetisch-mystische Texte aus dem franziskanischen Umfeld in deutscher Sprache. Der Mystikforscher Kurt Ruh (1914–2002) charakterisierte die Handschrift als «franziskanisches Encheiridion».[194] Sie enthält unter anderem Auszüge aus einem Brief des franziskanischen Theologen Bonaventura (S. 239–289), die Anweisungen des Heinrich Vigilis von Weissenburg für ein klösterliches Leben (S. 469–499) oder den geistlichen Sendbrief eines andächtigen Vaters (S. 525–540), den Kurt Ruh als «ein glänzendes Stück geistlicher Minnepoesie»[195] heraushebt. Abgebildet ist der Beginn einer deutschen Fassung eines Briefs des Kirchenvaters Hieronymus an die Äbtissin Eustochium über ein gottgeweihtes Leben (S. 22–212): *Hie vohet an die Regel sancti Yoronimy zuo Eustochium der heilgen eptissen und jungfrowen und allen iren swesteren des Closters zuo Bettlehey...*

Eine der schönsten aus der Bischöflichen Bibliothek 1930 übernommenen Handschriften mit aszetisch-mystischen Texten.

St.Gallen, Stiftsbibliothek Cod. Sang. 1859, S. 23 Depositum der Bischöflichen Bibliothek St.Gallen Papier, 614 Seiten, 14 × 10.5 cm Strassburg, Dominikanerinnenkloster St.Agnes oder St.Margaretha, um 1500

Jhs fili dei

Hie vohet an die Regel sti
Ieronimy zů dustochiu der heilighe
eptysse vnd iungfrowe vn allen
ire swestere des closters zů bettlehem
vnd mit dester mind zů alle closter
frowe wie sy got lebē sole vn mit
der welt dem geist vn mit dē fleisch
die vor rede

Oher min aller liebste dochtir vn frowe
in dem herren vnd ir aller heilgeste
iungfrowe xpi dustochiu vn andre
die zů dem nuwe brunloft des lembis
vsamelt sint in dem huß des herren vnd
dem firsatz der gehorsamkeit / der
kuscheit / der armůt vnd der geistlicheit /
Nun vwer innige begird der lieb vn
milte andacht / tribet vnd anlanget
zů mal sere / mine lip der yetzet erkaltet
in sine glidere vnd sich bucket zů der

Die Bibliothekare

Cornel Dora

Abschliessend sind im Folgenden die Namen und Amtszeiten der Stiftsbibliothekare seit den Anfängen bis heute zusammengestellt, soweit sie in den im Anschluss (S. 125) genannten Quellen eruierbar sind.[196] Bei widersprüchlichen, lückenhaften oder unsicheren Angaben wird die wahrscheinlichste Variante angeführt, aber mit einem Stern * markiert.

Nicht aufgeführt sind Persönlichkeiten wie Winithar oder Waldo, die zweifellos wichtig für die Entstehung der Bibliothek waren, von denen jedoch keine konkrete Funktion in der Bibliothek überliefert ist. Die Reihe beginnt deshalb mit Uto, dem ersten urkundlich bezeugten Bibliothekar des Klosters, den Abt Grimald und Dekan Hartmut wohl kurz nach 860 einsetzten.

Vom 11. Jahrhundert bis 1564 sind nur sporadisch Nachrichten zur Bibliotheksbetreuung überliefert. In dieser Zeit war das Amt mit demjenigen des Custos verbunden. Dessen Aufgabe war die Betreuung des Kirchengeräts.

Der Bibliotheksdienst war eine von vielen Aufgaben, die in einem Kloster – zumal einem bedeutenden wie St. Gallen – wahrzunehmen waren. Er gehörte sicher zu den angesehenen Tätigkeiten, insbesondere im Frühmittelalter und nach der Reformation, als dem Konvent der Wert der Sammlung bekannt war. Es ist aber doch auffallend, wie oft die Fürstäbte die Bibliotheksverantwortlichen zeitweise auswechselten, auch wenn die Besetzung offensichtlich sehr glücklich war, wie etwa bei Hermann Schenk um 1700. Das geschah nicht, um die Betreuung der Sammlung zu schwächen, sondern hat mit dem inneren Leben des Konvents zu tun. Die Äbte waren darauf bedacht, die Brüder und ihre Funktionen immer wieder mit den Bedürfnissen der Gemeinschaft abzustimmen.

Es war ein grosses Glück, dass nach der Klosteraufhebung bis 1843 drei ehemalige Konventualen, Johann Nepomuk Hauntinger, Ildefons von Arx und Franz Weidmann, die Bibliothek weiter betreuen konnten. Das Bibliothekarsamt wurde anschliessend bis 1861 ein Stück weit politisiert, die Inhaber bald von den konservativen (Weidmann, Greith, Gmür), bald von den radikalen Katholiken (Fuchs, Henne) gestellt. In dieser Zeit finden wir mit Leonhard Gmür und Joseph Anton Henne auch die ersten Laien als ordentliche Stiftsbibliothekare. Von 1861 bis 1981 wurde die Stelle wieder ausschliesslich mit Geistlichen besetzt, letztmals mit Johannes Duft, der sich grosse Verdienste um die Institution erwarb.

Unter Duft und seinen Nachfolgern wurde die Betreuung der Bibliothek, die sich nun auch als Museum und als wissenschaftliche Institution profilierte, personell ausgebaut. Heute leitet der Stiftsbibliothekar ein Team von 14 fest angestellten Mitarbeiterinnen und Mitarbeitern. Dazu kommen zwanzig Aufsichten und Aushilfen sowie 14 Führerinnen und Führer.

Name	Lebensdaten	Wirkungszeit	Quellen
Uto	erwähnt nach 837 † 12.7. vor 869	ca. 861–864	Schaab 75, Nr. 227, 211, Henggeler 208
Liuthart	erw. 858–887 † 1.8. vor 895	867–872	Schaab 81, Nr. 297, 211, Henggeler 201
Notker Balbulus	um 840–6.4.912	vor 883–890	Schaab, 84–85, Nr. 331, 211, HLS, Henggeler 202
Waldram	erw. 885–926	905–909	Schaab 94, Nr. 448, Henggeler 209, Weidmann 63–65
Werinher Abt 1133–1167	erw. 1133–6.7.1167	bis 1133 Custos	HS 1294, Henggeler 98
Rumo von Ramstein Abt 1274–1281	erw. 1257–1297	1263–1270 Custos	HLS, HS 1305–1306, Henggeler 112–113, 206
Hiltbold von Werstein Abt 1318–1329	vor 1250–13.12.1329	1297–1301* Custos	HS 1309–1310, Henggeler 118–119, 198
Johannes Stöfer	† 19.3.1499	Ende 15. Jh.* Custos	Henggeler 241, Nr. 57
Franz Gaisberg Abt 1504–1529	1465–23.3.1529	1491–1496* Custos	HLS, Henggeler 136–138, 241, Nr. 59, Lenz 291, 496–500
Ulrich Heer	† 23.12.1514	um 1500* Custos	Henggeler 242, Nr. 70
Berchtold Zimmermann	erw. 1490–1504	Anfang 16. Jh.* Custos	Henggeler 241, Nr. 65, Weidmann 55, Lenz 499
Gallus Kopf	erw. 1504–1519 † 3.7.1519	Anfang 16. Jh.*	Henggeler 241, Nr. 67, Weidmann 55
Anton Vogt	erw. 1509–1529	um 1510*	Henggeler 243, Nr. 79
Johannes Schmid von Steinheim	erw. 1513–1529	1513*	Henggeler 246, Nr. 104
Albert Miles	erw. 1504–1529	1514–1522* Custos	Henggeler 242, Nr. 73
Konrad Haller	1486–12.10.1525	1523–1525 Custos	Henggeler 243, Nr. 78
Hans Hofmeister Konventuale von St. Ulrich in Augsburg	† 7.12.1544	1530er Jahre	Henggeler 246, Weidmann 60
Martin Störi	† 2.12.1544	1530er Jahre	Henggeler 244, Nr. 86, Weidmann 60
«Sartor»? (Schneider)		1530er und 40er Jahre?	Weidmann 61
Mauritius Enk	1538–13.12.1575	1564 1571–1575	HLS (Familienartikel Enk), Henggeler 251–252, Nr. 150 (Enck), Weidmann 63–65
Jodocus Metzler	1574–7.4.1639	1604–1624	HLS, Henggeler 265–267, Nr. 212, Weidmann 79–80, Heer 39–43
Bonifaz Rüedlinger	1587–24.11.1627	1624–1627	Henggeler 274–275, Nr. 224, Weidmann 80
Beat Keller	5.6.1598–2.4.1663	1630–1633	Henggeler 284, Nr. 241
Ambros Negelin	19.11.1594–24.8.1658	1634	Henggeler 281–282, Nr. 235, Weidmann 81
Aegidius Jonas von Buch	10.5.1599–5.1.1654	1635–1640	Henggeler 288–290, Nr. 247, Weidmann 81
Otmar Kessler	25.3.1606–18.1.1675	1640–1642	Henggeler 296, Nr. 261, Weidmann 81

Name	Lebensdaten	Wirkungszeit	Quellen
Bartholomäus Tschudi	20.4.1620–31.7.1702	1654–1661	Henggeler 311, Nr. 291, Weidmann 82
Iso Pfau	17.11.1616–16.3.1679	1661–1679	Henggeler 306–307, Nr. 278, Weidmann 82
Dionys Mattlin	15.1.1640–6.10.1700	1679–1680	Henggeler 332–333, Nr. 353, Weidmann 82
Hermann Schenk	5.3.1653–17.2.1706	1680–1683* 1692–1693 1705–1706	HLS, Henggeler 339–340, Nr. 381, Weidmann 84, Heer 104–106, 158–216, 299–300
Constantius von Sonnenberg	5.4.1638–26.5.1691	1683*–1691	Henggeler 323–324, Nr. 331, Weidmann 85
Hieronymus Lindenmann	10.6.1638–13.1.1709	1691	Henggeler 322, Nr. 325, Weidmann 85
Burkhard Heer	2.8.1653–14.10.1707	1691–1705	Henggeler 338, Nr. 379, Weidmann 85–86
Kolumban Bischof	2.5.1674–26.9.1740	1706–1707	Henggeler 351, Nr. 434, Weidmann 86
Mauritius Müller	12.2.1677–16.9.1745	1707–1709 1711–1712 (1712–1719 im Exil) 1719–1722 1734–1738	Stockinger 344–345, Henggeler 353–355, Nr. 439, Weidmann 87, 150–153, Heer 307–312
Innocenz Müller	1.5.1675–1.4.1727	1710–1711	Stockinger 344, Henggeler 350–351, Nr. 433, Weidmann 86
Cölestin Teschler	28.12.1681–12.9.1718	1711	Stockinger 344, Henggeler 355, Nr. 441, Weidmann 86
Bernhard Frank von Frankenberg	7.4.1692–11.2.1763	1722–1729	HLS, Henggeler 362–364, Nr. 465, Weidmann 153–156
Aemilian Zeller	1691–27.4.1760	1729–1733	Henggeler 364, Nr. 466, Weidmann 156
Cölestin Gugger von Staudach Abt 1740–1767	28.6.1701–24.2.1767	1733	HLS, HS 1342–1345, Henggeler 157–160, 369–371, Nr. 479, Weidmann 156
Basilius Balthasar	23.7.1709–20.11.1776	1734–1737 unter Aufsicht von Mauritius Müller	HLS, Henggeler 375–378, Nr. 496, Weidmann 157–158, Heer 305–307
Edmund Weidner	16.10.1701–12.6.1748	1737–1738 unter Aufsicht von Mauritius Müller	Henggeler 371–372, Nr. 481, Weidmann 158–160
Notker Heine	27.1.1697–13.7.1758	1738–1740	Henggeler 365–366, Nr. 470, Weidmann 160–161
Honorat Peyer im Hof	6.5.1716–23.6.1785	1741–1742	Henggeler 380–381, Nr. 504, Weidmann 161–162
Chrysostomus Hailland	6.8.1708–27.10.1753	1743–1744	Henggeler 378, Nr. 497, Weidmann 162
Karl Helbling	3.2.1708–2.3.1746	1745–1746	Henggeler 374, Nr. 491, Weidmann 162–163
Antonin Rüttimann	20.10.1710–12.4.1754	1746–1748	Henggeler 381, Nr. 505, Weidmann 163
Pius Kolb	4.10.1712–22.4.1762	1748–1762	Henggeler 382–383, Nr. 508, Weidmann 163, 219–359, Heer 303–304
Ulrich Berchtold	11.4.1729–25.11.1797	1762–1773	Henggeler 395–396, Nr. 540, Weidmann 163–166

Name	Lebensdaten	Wirkungszeit	Quellen
Gerold Brandenberg	3.1.1733–4.1.1818	1773–1774	HLS, HS 1369, Henggeler 401–402, Nr. 552, Weidmann 166–169
Magnus Hungerbühler	1.11.1732–8.10.1811	1774–1780	Henggeler 398–400, Nr. 547, Weidmann 169–170
Johann Nepomuk Hauntinger	30.5.1756–18.12.1823	1780–1804 1811–1823	HLS, Henggeler 417–418, Nr. 607, Weidmann 171–190, 197–204
Franz Josef Büeler Appellationsrichter	1751–1816	1804–1805 Kommissär	HLS (Familienartikel Büeler SG), Weidmann 190–195
Konrad Meier ehemaliger Konventuale von St. Urban	27.5.1780–6.1.1813	1805–1811	Weidmann 195–196
Ildefons von Arx	3.10.1755–16.10.1833	1824–1833	HLS, Henggeler 420–422, Nr. 613, Weidmann 204–210, Protokoll AR
Franz Weidmann	22.12.1774–15.10.1843	1833–1834 1836–1843	HLS, Henggeler 432–433, Nr. 648, Weidmann 210–211, Protokoll AR
Alois Fuchs	8.8.1794–28.2.1855	1834–1836	HLS; Weidmann 211, Protokoll AR
Führung durch die Bibliothekskommission: Leonhard Gmür, Präsident Carl Johann Greith Franz Buchegger (ab 1.7.1845, vgl. unten)		1843–1847	Protokoll AR 1845, Nr. 253, 1847, Nr. 244
Carl Johann Greith	25.5.1807–17.5.1882	1847–1855 Bibliotheksdirektor (Externa)	HLS
Leonhard Gmür	22.10.1808–12.8.1877	1847–1855 Bibliothekar (Interna)	HLS
Josef Anton Henne	22.7.1798–22.11.1870	1855–1861	HLS
Franz Eduard Buchegger	14.12.1814–2.1.1868	1861–1868	HLS
Johann Baptist Näf	9.8.1827–11.9.1911	1868–1872	Schöb 111, Protokoll AR
Franz Anton Rohrer	18.11.1832–3.9.1882	1872–1873	Schöb 123, Protokoll AR
Otto Zardetti	24.1.1847–10.5.1902	1874–1876	HLS
Johann Nepomuk Idtensohn	18.5.1827–19.5.1892	1876–1892	Schöb 85, Protokoll AR
Adolf Fäh	29.3.1858–10.12.1932	1892–1932	HLS
Müller Josef	2.2.1872–10.8.1947	1933–1947	Status Cleri saecularis Dioecesis Sangallensis 1948, Totentafel
Johannes Duft	14.2.1915–20.6.2003	1948–1981	HLS
Peter Ochsenbein	25.7.1940–13.3.2003	1981–2000	HLS
Ernst Tremp	*2.10.1948	2000–2013	HLS
Cornel Dora	*6.8.1963	2013–	

Abbildung S. 126/127

Notker Balbulus schreibt in der Bibliothek seine Sequenzen. Im Hintergrund arbeitende Bibliothekare.

Grisaillemalerei im Barocksaal der Stiftsbibliothek, bei Regal II

Quellen- und Literaturangaben

Abkürzungen

HLS = Historisches Lexikon der Schweiz
HS = Helvetia Sacra, Duft/Gössi/Vogler
Protokoll AR = Protokoll des katholischen Administrationsrat St. Gallen

Literatur

JOHANNES DUFT, Anton Gössi und Werner Vogler. St. Gallen, in: Helvetia Sacra, Abteilung III, Die Orden mit Benediktinerregel, Bd. 1: Frühe Klöster, die Benediktiner und Benediktinerinnen in der Schweiz, Bern 1986, S. 1180–1369.

GALL HEER, JOHANNES MABILLON und die Schweizer Benediktiner. Ein Beitrag zur Geschichte der historischen Quellenforschung im 17. und 18. Jahrhundert, St. Gallen 1938.

RUDOLF HENGGELER, Professbuch der fürstl. Benediktinerabtei der heiligen Gallus und Otmar zu St. Gallen, Zug 1929.

Historisches Lexikon der Schweiz, http://www.hls-dhs-dss.ch/index.php. (Januar 2017)

PHILIPP LENZ, Reichsabtei und Klosterreform. Das Kloster St. Gallen unter dem Pfleger und Abt Ulrich Rösch 1457–1491, St. Gallen 2014.

Protokoll des katholischen Administrationsrats, ab 1810/13 (Archiv der Katholischen Administration).

RUPERT SCHAAB, Mönch in St. Gallen. Zur inneren Geschichte eines frühmittelalterlichen Klosters, Ostfildern 2003.

FRANZ JOSEF SCHÖB, Series Sacerdotum Dioecesis S. Galli. Verzeichnis der Diözesangeistlichen aus der ersten Hälfte des 19. Jahrhunderts, Maschinenmanuskript, Ende 1920er Jahre. (Bischöfliches Archiv St. Gallen E 3,3 g).

Status Cleri sæcularis Diœcesis Sangallensis 1948 (Nekrolog Josef Müller).

THOMAS STOCKINGER, «Fidelis tametsi inutilis servus». P. Moritz Müller OSB (St. Gallen) in seiner historisch-literarischen und politisch-diplomatischen Tätigkeit im Spiegel seiner Korrespondenz 1709–1714, in: Studien und Mitteilungen zur Geschichte des Benediktinerordens und seiner Zweige 118 (2007), S. 339–432.

FRANZ WEIDMANN, Geschichte der Bibliothek von St. Gallen seit ihrer Gründung um das Jahr 830 bis auf 1841. Aus den Quellen bearbeitet auf die tausendjährige Jubelfeier, St. Gallen 1841.

Se:
quen
tia

Anhang

Anmerkungen

1. In Deutschland liegt die Anzahl der Bibliotheksbesuche deutlich vor den Besuchen anderer Kultureinrichtungen, siehe UWE JOCHUM, Geschichte der abendländischen Bibliotheken, Darmstadt ²2012, S. 7. In der Schweiz verhält es sich etwas anders: Hier liegt der gelegentliche Museumsbesuch vor dem Besuch von Bibliotheken, vgl. Das Kultur- und Freizeitverhalten in der Schweiz (https://www.bfs.admin.ch/bfs/de/home/statistiken/kultur-medien-informationsgesellschaft-sport/kultur/kulturverhalten.assetdetail.349943.html), S. 14.
2. Mehr dazu in einem der schönsten Bibliotheksbücher überhaupt: LUCIANO CANFORA, Die verschwundene Bibliothek, Berlin 1990.
3. Zu Verona vgl. Biblioteca Capitolare Verona, Fiesole 1994, S. 16–17 ; CARLO GIULIARI, La Capitolare Biblioteca di Verona, ristampa dell'edizione 1888, Verona 1993, S. 6–9; Veronensis Capitularis Thesaurus, Verona 1990, S. 21–23; zum St. Katharinenkloster vgl. JOHN GALEY, Das Katharinenkloster auf dem Sinai, Stuttgart 2010, S. 10–12, 148–162; zu Salzburg vgl. KARL FRIEDRICH HERMANN, Geschichte der Erzabtei St. Peter zu Salzburg, Bd. 1: Frühgeschichte 696–1193, Salzburg 1996, S. 41–42, 79–80, 92–95; Hl. Rupert von Salzburg 696–1996. Katalog der Ausstellung im Dommuseum zu Salzburg und in der Erzabtei St. Peter, Salzburg 1996, S. 66–88.
4. Zur Geschichte des Kodex u. a.: Kodex, in: Wikipedia, https://de.wikipedia.org/wiki/Kodex (3.2.2017).
5. Aktuelle Ausgaben und Übersetzungen der verschiedenen Gallusleben: Vetustissima: Vita Sancti Galli Vetustissima. Die älteste Lebensbeschreibung des heiligen Gallus. Lateinisch/Deutsch, hrsg. von der Stiftsbibliothek St. Gallen, St. Gallen 2012; Wetti: Wetti, Die Lebensgeschichte des heiligen Gallus, übersetzt von FRANZISKA SCHNOOR, in: Der heilige Gallus 612/2012, St. Gallen 2011, S. 167–193; Walahfrid Strabo, Vita sancti Galli. Das Leben des heiligen Gallus. Lateinisch/Deutsch, Stuttgart 2012.
6. Vita Sancti Galli Vetustissima (Anm. 5), S. 36–37.
7. Vita Sancti Galli Vetustissima (Anm. 5), S. 38–39.
8. WALAHFRID, Vita sancti Galli (Anm. 5), S. 70–71.
9. WALAHFRID, Vita sancti Galli (Anm. 5), S. 70–71 und 80–81.
10. Zu Cod. Sang. 915: JOHANNE AUTENRIETH, Der Codex Sangallensis 915. Ein Beitrag zur Erforschung der Kapiteloffiziumsbücher, in: Landesgeschichte und Geistesgeschichte. Festschrift für Otto Herding zum 65. Geburtstag, hrsg. von KASPAR ELM, EBERHARD GÖNNER und EUGEN HILLENBRAND, Stuttgart 1977, S. 42–55.
11. MARKUS GRIESSER, Eine Supernova, so hell wie der Halbmond. In der Stiftsbibliothek St. Gallen lagert ein einzigartiger Schatz mittelalterlicher Handschriften: St. Galler Mönche beobachteten im Jahr 1006 eine Sternkatastrophe, in: Der Bund, 19. Dezember 1996.
12. COLUMBANUS HIBERNUS. Regula Monachorum. (Corpus of Electronic Texts Edition). http://www.ucc.ie/celt/published/L201052 (23.1.17); CORNEL DORA, Von Uto bis Ernst Tremp. Die Ahnenreihe der St. Galler Stiftsbibliothekare, in: Schaukasten Stiftsbibliothek St. Gallen. Abschiedsgabe für Stiftsbibliothekar Ernst Tremp, hrsg. von FRANZISKA SCHNOOR, KARL SCHMUKI und SILVIO FRIGG, St. Gallen 2013, S. 88–99, hier S. 89–91.
13. JOHANNES DUFT, St. Otmar. Die Quellen zu seinem Leben. Lateinisch und deutsch, Zürich 1959, S. 73–75.
14. Regula Benedicti/Die Benediktusregel. Lateinisch/deutsch, hrsg. im Auftrag der Salzburger Äbtekonferenz, Beuron 1992, zur Lectio divina S. 42–43.
15. DORA, Von Uto bis Ernst Tremp (Anm. 12), S. 90.
16. Die folgenden elf Handschriften sind dafür in Betracht zu ziehen: 1. Vulgata-Fragmente, Norditalien (Verona?), um 410/420 (Cod. Sang. 1395, S. 1–329); 2. Psalmen-Fragmente in Halbunziale, 7. Jahrhundert (Cod. Sang. 1395, S. 366–391); 3. Fragment der Etymologien Isidors von Sevilla, Irland, um 650 (Cod. Sang. 1399a1); 4. Fragment der Synonyma Isidors von Sevilla, Papyrus, Südfrankreich, um 650/700 (Cod. Sang. 226); 5. Fragment von Predigten Augustinus', Italien, 7. Jahrhundert (Cod. Sang. 1395, S. 411–416); 6. Fragment der Epitome Juliani zu den Novellae Kaiser Justinians, Norditalien, Ende 7. Jahrhundert (Cod. Sang. 1395, S. 392–410); 7. Predigten des Maximus von Turin, Luxeuil(?), um 700 (Cod. Sang. 188); 8. Fragment der Dialogi Gregors des Grossen, Nordostfrankreich, um 700 (Cod. Sang. 213); 9. Abba-Ababus-Glossar lateinisch-lateinisch, Bobbio (?), um 700 (Cod. Sang. 912); 10. Fragment einer Totenmesse, Irland, 7. Jahrhundert (Cod. Sang. 1395, S. 429–433); 11. Fragment eines Gebets für Sterbende, Irland, 8. Jahrhundert (Cod. Sang. 1395, S. 443–447). Bei anderen spätantiken Manuskripten der Stiftsbibliothek, etwa dem Vergilius Sangallensis (Cod. Sang. 1394, S. 5–49) oder der St. Galler Vetus Latina (Cod. Sang. 1394, S. 50–92) gibt es dagegen Hinweise dafür, dass sie erst nach 750 nach St. Gallen gelangten.
17. BEAT VON SCARPATETTI, Das St. Galler Scriptorium, in: Das Kloster St. Gallen im Mittelalter, hrsg. von PETER OCHSENBEIN, Darmstadt 1999, S. 31–67, hier S. 44–50. Kritisch dazu: NATALIE MAAG, Alemannische Minuskel (744–846 n. Chr.), Stuttgart 2014, S. 36–59, hier S. 36–37.
18. ROSAMOND MCKITTERICK, Schriftlichkeit im Spiegel der frühen Urkunden St. Gallens, in: Das Kloster St. Gallen im Mittelalter (Anm. 17), S. 69–82, hier S. 74.
19. Chartularium Sangallense, Bd. I: 700–840, bearb. von PETER ERHART unter Mitwirkung von KARL HEIDECKER und BERNHARD ZELLER, St. Gallen 2013, S. 1–27.
20. MAAG, Alemannische Minuskel (Anm. 17), S. 23–24; Datierung nach Chartularium Sangallense I (Anm. 19), S. 12–13.
21. BERNHARD ZELLER, Urkunden und Urkundenschreiber des Klosters St. Gallen bis ca. 840, in: Die Privaturkunden der Karolingerzeit, hrsg. von PETER ERHART, KARL HEIDECKER und BERNHARD ZELLER, Dietikon-Zürich 2009, S. 173–182, hier S. 175–176; WALTER BERSCHIN und BERNHARD ZELLER, Winithar von Sankt Gallen (um 760–?) und der Versus Winitharii, in: Sermo doctorum. Compilers, Preachers, and their Audiences in the Early Medieval West, hrsg. von MAXIMILIAN DIESENBERGER, YITZHAK HEN und MARIANNE POLLHEIMER, Turnhout 2013, S. 153–186, hier S. 155–164.

22. MAAG, Alemannische Minuskel (Anm. 17), 36–54; kritisch insbesondere betreffend die Zuweisung von Cod. Sang. 194 an Winithar ANDREAS NIEVERGELT in seiner Rezension zu Maags Werk in: Mittellateinisches Jahrbuch 51 (2016), S. 468–472.
Zum Thema ausserdem BERSCHIN/ZELLER, Winithar (Anm. 21), S. 156.
23. BERSCHIN/ZELLER, Winithar (Anm. 21), S. 167.
24. BERSCHIN/ZELLER, Winithar (Anm. 21), S. 171.
25. PETER OCHSENBEIN, Der erste bekannte Schreiber im Kloster St. Gallen: Presbyter Winitharius, in: Helvetia Archaeologica 31 (2000), S. 146–157, hier S. 148.
26. MAAG, Alemannische Minuskel (Anm. 17), S. 48.
27. MAAG, Alemannische Minuskel (Anm. 17), S. 48–54.
28. Zum Umfang: SCARPATETTI, Das St. Galler Scriptorium (Anm. 17), S. 50.
29. JOHANNES DUFT, Anton Gössi und Werner Vogler, Die Abtei St. Gallen. Abriss der Geschichte, Kurzbiographien der Äbte, Das stift-sanktgallische Offizialat, St. Gallen 1986, S. 20–22 und 99–102.
30. DUFT/GÖSSI/VOGLER, Die Abtei St. Gallen (Anm. 29), 100–101; MAAG, Alemannische Minuskel (Anm. 17), S. 56–59.
31. DUFT/GÖSSI/VOGLER, Die Abtei St. Gallen (Anm. 29), 22–28 und 102–112.
32. DUFT/GÖSSI/VOGLER, Die Abtei St. Gallen (Anm. 29), 102–103.
33. SCARPATETTI, Das St. Galler Scriptorium (Anm. 17), S. 50.
34. RATPERT, St. Galler Klostergeschichten (Casus sancti Galli), hrsg. und übersetzt von HANNES STEINER, Hannover 2002, S. 184–185.
35. MAAG, Alemannische Minuskel (Anm. 17), S. 59–112.
36. DUFT/GÖSSI/VOGLER, Die Abtei St. Gallen (Anm. 29), S. 105.
37. DUFT/GÖSSI/VOGLER, Die Abtei St. Gallen (Anm. 29), S. 105–106.
38. Zur Entwicklung des Skriptoriums: RUPERT SCHAAB, Mönch in St. Gallen. Zur inneren Geschichte eines frühmittelalterlichen Klosters, Ostfildern 2003, S. 180–183; SCARPATETTI, Das St. Galler Scriptorium (Anm. 17), S. 50–55.
39. DUFT/GÖSSI/VOGLER, Die Abtei St. Gallen (Anm. 29), S. 106.
40. Zur Einschränkung der Datierung auf 860 bis ca. 865 vgl. SCHAAB, Mönch in St. Gallen (Anm. 38), S. 180, Anm. 130, und S. 211; zur Schrift Notkers: Die Handschriften der Stiftsbibliothek St. Gallen, Bd. 3: Abt. V: Codices 670–749. Iuridica. Kanonisches, römisches und germanisches Recht. Beschreibendes Verzeichnis, bearbeitet von PHILIPP LENZ und STEFANIA ORTELLI, Wiesbaden 2014, S. 243–245. Zur Geschichte der Katalogisierung vgl. JOHANNES DUFT, Die Handschriften-Katalogisierung in der Stiftsbibliothek St. Gallen vom 9. bis zum 19. Jahrhundert, in: Die Handschriften der Stiftsbibliothek St. Gallen. Beschreibendes Verzeichnis. Codices 1726–1984 (14.–19. Jahrhundert), bearbeitet von BEAT MATTHIAS VON SCARPATETTI, St. Gallen 1983, S. 9*–99*, hier S. 11*–18*.
41. SCHAAB, Mönch in St. Gallen (Anm. 38), S. 84–85 (Nr. 331) und S. 211.
42. WOLFRAM VON DEN STEINEN, Notker der Dichter und seine geistige Welt, 2 Bde., Bern 1948.
43. JOHANNES DUFT, Notker der Stammler in Sankt-Galler Manuskripten, in: DERS., Die Abtei St. Gallen, Bd. 2: Beiträge zur Kenntnis ihrer Persönlichkeiten, Sigmaringen 1991, S. 127–147, hier S. 128.
44. FELIX HEINZER, In exteriori homine contractus. Körperdefizienz und Autorschaft – ein Paradigma in der mittelalterlichen Klosterkultur des Bodenseeraums? in: Hermann der Lahme. Reichenauer Mönch und Universalgelehrter des 11. Jahrhunderts, hrsg. von FELIX HEINZER und THOMAS ZOTZ, Stuttgart 2016, S. 43–64.
45. SCHAAB, Mönch in St. Gallen (Anm. 38), S. 84–85 (Nr. 331) und S. 211.
46. DUFT, Notker der Stammler (Anm. 43), S. 131–132: «Als ich noch ein grüner Jüngling war, las ich in einem uralten Buch der Reichenau einige eingeschobene Rätsel und bewertete sie als Nichtigkeit. Als ich aber mit fortschreitenden Jahren die Bücher des hl. Augustinus, besonders den Gottesstaat, las und dabei erkannte, mit welcher Autorität er jene Rätsel ausgelegt hat, hielt ich es für unrecht, sie der Bibliothek des hl. Gallus, die ich mit Gottes Gnade um Vieles vermehrt habe, zu unterschlagen. Schon früher habe ich ja auch den Brief des Jeremias abschreiben lassen sowie das [apokryphe] Buch Baruch, das vom erfahrenen Hieronymus zwar verachtet, von anderen Kirchenmänner aber benützt worden ist.»
47. SUSAN RANKIN, «Ego itaque Notker scripsi», in: Revue Bénédictine 101 (1991), S. 268–298; HARTMUT HOFFMANN, Autographa im früheren Mittelalter, in: Deutsches Archiv für Erforschung des Mittelalters 57 (2001), S. 1–62.
48. DUFT/GÖSSI/VOGLER, Die Abtei St. Gallen (Anm. 29), S. 107–109; SCHAAB, Mönch in St. Gallen (Anm. 38), S. 76 (Nr. 235).
49. JOHANNES DUFT, Sankt Otmar in Kult und Kunst, St. Gallen 1966, S. 14–18.
50. FRANZISKA SCHNOOR, Das Ringen um das Wort: Auseinandersetzung mit dem Bibeltext im frühmittelalterlichen Kloster St. Gallen, in: Im Anfang war das Wort. Die Bibel im Kloster St. Gallen, St. Gallen 2012, S. 21–34, hier S. 28–31.
51. PHILIPP LENZ, Karolingische Minuskel, in: Im Paradies des Alphabets. Die Entwicklung der lateinischen Schrift, St. Gallen 2016, S. 42–49, hier S. 46–47; SCARPATETTI, Das St. Galler Scriptorium (Anm. 17), S. 50–55.
52. AUGUST HARDEGGER, SALOMON SCHLATTER und TRAUGOTT SCHIESS, Die Baudenkmäler der Stadt St. Gallen, St. Gallen 1922, S. 77; DORA, Von Uto bis Ernst Tremp (Anm. 12), S. 91–92.
53. Beschreibung mit Faksimile und Literaturangaben: Der St. Galler Klosterplan. Begleittext, Beischriften und Übersetzungen, hrsg. von der Stiftsbibliothek St. Gallen, Begleittext von ERNST TREMP, St. Gallen 2014. Neuester Forschungsstand in: BARBARA SCHEDL, Der St. Galler Klosterplan. Ein Modell europäischer Klosterkultur, Wien 2014. Ausserdem: JOHANNES DUFT, Der karolingische Klosterplan in der Stiftsbibliothek St. Gallen. Begleittext zur Faksimile-Ausgabe, St. Gallen 1998; CORNEL DORA, Klosterplan und Gozbertmünster, in: Karolingische Klosterstadt Messkirch. Chronik 2017, im Druck.

54. Dazu HANS RUDOLF SENNHAUSER, St. Gallen. Klosterplan und Gozbertbau. Zwei Aufsätze, Zürich 2001; DORA, Klosterplan (Anm. 53).
55. TREMP, Begleittext (Anm. 53), S. 13.
56. TREMP, Begleittext (Anm. 53), S. 18.
57. Überblicksliteratur: TREMP, Begleittext (Anm. 53), DORA, Klosterplan (Anm. 53), SCHEDL, St. Galler Klosterplan (Anm. 53), DUFT, Der karolingische Klosterplan (Anm. 53).
58. Vgl. dazu auch das Wunder um das gestohlene Buch eines Klosterschülers bei WALAHFRID, Vita sancti Galli (Anm. 5), S. 169 (Buch 2, Kap. 28).
59. Zur Bestandesgrösse gibt es bislang kaum verlässliche Untersuchungen. Die erhaltenen Bücherverzeichnisse belegen einen Bestand von 600 Bänden um 900. Der Katalog von 1461 umfasst etwa die gleiche Anzahl. Mit allen Aussenstationen (Kirchenbibliothek, Schulbibliothek etc.) dürfte der Bestand um das Jahr 1000 etwa 700 Bände umfasst haben. Vgl. auch DUFT, Handschriften-Katalogisierung (Anm. 40), S. 11*-36*.
60. ERNST TREMP, Geschichte der Stiftsbibliothek, in: ERNST TREMP, JOHANNES HUBER und KARL SCHMUKI, Stiftsbibliothek St. Gallen. Ein Rundgang durch Geschichte, Räumlichkeiten und Sammlungen, St. Gallen 2003, S. 9-30, hier S. 15-16.
61. Zum Goldenen und Silbernen Zeitalter vgl. TREMP, Geschichte der Stiftsbibliothek (Anm. 60), S. 14-16.
62. JOHANNES DUFT, Retterin der Klosterbibliothek, in: DERS., Die Abtei St. Gallen 2 (Anm. 43), S. 184-187. Die Lebensgeschichten liegen in einer vorbildlichen Ausgabe mit Übersetzung von Walter Berschin vor: WALTER BERSCHIN, Vitae sanctae Wiboradae. Die ältesten Lebensbeschreibungen der heiligen Wiborada, St. Gallen 1983.
63. Zur Waldburg vgl. RAFAEL WAGNER, Die Waldburg bei Häggenschwil. Ein St. Galler Ungarnrefugium an der Sitter, in: Schriften des Vereins für Geschichte des Bodensees und seiner Umgebung 134 (2016), S. 3-18.
64. EKKEHARD IV., St. Galler Klostergeschichten, übersetzt von HANS F. HAEFELE, Darmstadt 1980, S. 114-115. Vgl. auch: DUFT, Retterin (Anm. 62), S. 184-187.
65. DUFT, Retterin (Anm. 62), S. 184.
66. BERSCHIN, Vitae sanctae Wiboradae (Anm. 62), S. 15.
67. BERSCHIN, Vitae sanctae Wiboradae (Anm. 62), S. 15-16. Zur Stellung der Frauen im Frühmittelalter vgl. GEORGES DUBY und MICHELLE PERROT, Geschichte der Frauen, Bd. 2, Frankfurt 1993, S. 199-206 und 213-263.
68. BERSCHIN, Vitae sanctae Wiboradae (Anm. 62), S. 4.
69. BERSCHIN, Vitae sanctae Wiboradae (Anm. 62), S. 4. Ausführlicher zur Literatur über Wiborada: Duft, Sankt Wiborada, in: DERS., Die Abtei St. Gallen 2 (Anm. 43), S. 175-183.
70. BERSCHIN, Vitae sanctae Wiboradae (Anm. 62), S. 4-5.
71. JOHANNES DUFT, Die heilige Wiborada und das Frauenkloster St. Georgen, in: Benediktinerinnen-Abtei St. Gallenberg in Glattburg bei Oberbüren, hrsg. von MARKUS KAISER, St. Gallen 2004, S. 232-253, hier S. 249-253.
72. DUFT, Die heilige Wiborada (Anm. 71), S. 247-249.
73. BERSCHIN, Vitae sanctae Wiboradae (Anm. 62); zu Hitto: vgl. das Register S. 234, zu den Einbänden: S. 38-39, zu Waldram: S. 62-65, 76-77, 170-173, 192-193.
74. BERSCHIN, Vitae sanctae Wiboradae (Anm. 62), S. 74-77, 190-193.
75. STEFAN SONDEREGGER, Althochdeutsch in St. Gallen, St. Gallen 1970, S. 79-123, hier S. 81-87.
76. SONDEREGGER, Althochdeutsch in St. Gallen (Anm. 75), S. 109. Zu Notker dem Deutschen und den Zeugnissen zu seinem Leben: JOHANNES DUFT, Notker der Deutsche in den Sankt-Galler Quellen, in: DERS., Die Abtei St. Gallen 2 (Anm. 43), S. 165-173.
77. Zu Aristoteles vgl. etwa: LARRY SIEDENTOP, Die Erfindung des Individuums. Der Liberalismus und die westliche Welt, Stuttgart 2015, S. 311-312, 368-369; ALEXANDRA RINK, Aristoteles in St. Gallen. Notkers des Deutschen Kategorien-Bearbeitung (Kapitel 1-17) auf Grundlage der Übersetzung und des Kommentars von Boethius, Frankfurt am Main 2016, S. 21-33.
78. RINK, Aristoteles in St. Gallen (Anm. 77), S. 23-24.
79. Textedition: NOTKER DER DEUTSCHE, Boethius' Bearbeitung der «Categoriae» des Aristoteles, hrsg. von JAMES C. KING, Tübingen 1972.
80. Zu Ekkehart IV. und seiner Rezeption: JOHANNES DUFT, Ekkehardus - Ekkehart, in: DERS., Die Abtei St. Gallen 2 (Anm. 43), S. 211-220.
81. DUFT, Ekkehardus (Anm. 80), S. 213-215.
82. HEIDI EISENHUT, Die Glossen Ekkeharts IV. von St. Gallen im Codex Sangallensis 621, St. Gallen 2009, S. 25-67.
83. EISENHUT, Die Glossen Ekkeharts IV. (Anm. 82), S. 433.
84. EISENHUT, Die Glossen Ekkeharts IV. (Anm. 82), S. 351.
85. PHILIPP LENZ, Die Reformen des Klosters St. Gallen im 15. Jahrhundert, in: Die benediktinische Klosterreform im 15. Jahrhundert, hrsg. von FRANZ XAVER BISCHOF und MARTIN THURNER, Berlin 2012, S. 221-258; PHILIPP LENZ, Reichsabtei und Klosterreform. Das Kloster St. Gallen unter dem Pfleger und Abt Ulrich Rösch 1457-1491, St. Gallen 2014, mit weiteren Literaturangaben.
86. LENZ, Reichsabtei (Anm. 85), S. 450-503.
87. Poggio Bracciolini an Guarino Guarini (15. Dezember 1416) gemäss Prosatori Latini del Quattrocento, hrsg. von EUGENIO GARIN, Mailand 1952, S. 240-247; Cencio de' Rustici an Francesco da Fiano (1416) gemäss Cincius Romanus und seine Briefe, hrsg. von LUDWIG BARTALOT, in: Quellen und Forschungen aus italienischen Archiven und Bibliotheken 21 (1929-1930), S. 209-255, Nr. 3, S. 222-225. Siehe dazu LENZ, Reichsabtei (Anm. 85), S. 490-493. Vgl. JOHANNES HELMRATH, Diffusion des Humanismus und Antikerezeption auf den Konzilien von Konstanz, Basel und Ferrara/Florenz, in: DERS., Wege des Humanismus. Studien zu Praxis und Diffusion der Antikeleidenschaft im 15. Jahrhundert. Ausgewählte Aufsätze, Bd. 1, Tübingen 2013, S. 115-158, hier S. 125: «Die bis ins Skurrile übersteigerte Kontrast- Metaphorik von staubigem Dunkel und strahlendem Licht, von Kerker und Freiheit, Barbarei und Kultur gehört ins Zentrum humanistischer Selbststilisierung als Lichtbringer.»

88. LENZ, Reichsabtei (Anm. 85), S. 208–210, 489–495.
89. LENZ, Reformen (Anm. 85); LENZ, Reichsabtei (Anm. 85).
90. PAUL OBERHOLZER, Vom Eigenkirchenwesen zum Patronatsrecht. Leutkirchen des Klosters St. Gallen im Früh- und Hochmittelalter, St. Gallen 2002, S. 131–169, 179–198.
91. KARL SCHMUKI, Klosterchronistik und Hagiographie des 11. bis 13. Jahrhunderts, in: St. Gallen. Geschichte einer literarischen Kultur, hrsg. von WERNER WUNDERLICH, Bd. 1: Darstellung, St. Gallen 1999, S. 181–205, hier S. 194–197; BEAT M. VON SCARPATETTI, Die Handschriften der Stiftsbibliothek St. Gallen, Bd. 1: Abt. IV. Codices 547–669, Wiesbaden 2003, S. 61–65; ANDREAS HAUG, Sankt Gallen, in: Die Musik in Geschichte und Gegenwart. Allgemeine Enzyklopädie der Musik, 2. Aufl., Sachteil, Bd. 8, Kassel 1998, Sp. 948–959, hier Sp. 952, 958.
92. SCARPATETTI, Handschriften 1 (Anm. 91), S. 79–82; BEAT M. VON SCARPATETTI und PHILIPP LENZ, Die Handschriften der Stiftsbibliothek St. Gallen, Bd. 2: Abt. III/2. Codices 450–546, Wiesbaden 2008, S. 12–18; OBERHOLZER, Eigenkirchenwesen (Anm. 90), S. 1–29.
93. HAUG, Sankt Gallen (Anm. 91), Sp. 958; PHILIPP LENZ, Marienverehrung und Mariensequenzen als Teil der liturgischen Erneuerung im Kloster St. Gallen an der Wende vom fünfzehnten zum sechszehnten Jahrhundert, in: Maria in Hymnus und Sequenz. Interdisziplinäre mediävistische Perspektiven, hrsg. von EVA ROTHENBERGER und LYDIA WEGENER, Berlin, im Druck, Kapitel 3.
94. Zum Beispiel Cod. Sang. 130, S. 1; Cod. Sang. 210, S. 1; Cod. Sang. 225, S. 1; Cod. Sang. 554, S. 1; Cod. Sang. 635, S. 1; Cod. Sang. 671, S. 1.
95. Analecta Hymnica Medii Aevi, Bd. 40, hrsg. von GUIDO MARIA DREVES, Leipzig 1895, S. 38–39, Nr. 4, S. 167, Nr. 213; SCARPATETTI, Handschriften 1 (Anm. 91), S. 16–19. Vgl. MAX MANITIUS, Geschichte der lateinischen Literatur des Mittelalters, Bd. 3, München 1931, S. 930; BARBARA SCHETTER, Philippus Cancellarius. Die Motettengedichte, Berlin 2012, S. 6.
96. Kritischer Forschungsüberblick und teilweise Relativierung der älteren Forschung bei JOHANNES HELMRATH, Der Humanismus in Deutschland sowie Diffusion des Humanismus und Antikerezeption auf den Konzilien von Konstanz, Basel, und Ferrara/Florenz, in: DERS., Wege des Humanismus (Anm. 87), S. 17–51, 115–158, hier besonders S. 115–134.
97. REMIGIO SABBADINI, Le scoperte dei codici latini e greci ne' secoli XIV e XV, 2 Bde., Florenz 1905–1914, ND, hrsg. und kommentiert von EUGENIO GARIN, 2 Bde., Florenz 1967, S. 77–82; ERNST WALSER, Poggius Florentinus. Leben und Werke, Leipzig 1914 (Neudruck Hildesheim 1974), S. 51–57; KARL SCHMUKI und ERNST TREMP, Vom Staub und Moder im Hartmut-Turm zum Wiederaufblühen der Harfenklänge der Musen an den Wasserfällen der Steinach. Die Klosterbibliothek von St. Gallen im Spätmittelalter, St. Gallen 2001, S. 16–20; RUDOLF GAMPER, Doctor von Watt ist nit abt zuo S. Gallen – das hant ir wol gewyßt, in: Schaukasten Stiftsbibliothek (Anm. 12), S. 184–191, hier S. 187 mit einer bislang vernachlässigten, nicht zeitgenössischen, indirekten Quelle, welche Silius Italicus, Porphyrion, Victorinus und Quintilian nennt. Die einschlägigen Fundberichte sind die Briefe von Poggio Bracciolini an Guarino Guarini (15. Dezember 1416) gemäss Prosatori Latini del Quattrocento, hrsg. von GARIN (Anm. 87), S. 240–247, von Cencio de' Rustici an Francesco da Fiano (1416) gemäss Cincius Romanus und seine Briefe, hrsg. von BARTALOT (Anm. 87), S. 209–255, Nr. 3, S. 222–225 und von Bartolomeo da Montepulciano an Ambrosio Traversari (St. Gallen, 20. Januar 1417), in: AMBROSII TRAVERSARII generalis ... epistolae, Florenz 1759, Sp. 981–985. Vgl. auch die Liste der Funde sämtlicher bisheriger Entdeckungsreisen Poggios im Brief von Francesco Barbaro an Poggio Bracciolini (6. Juli 1417) in: FRANCISCI BARBARI ... epistolae, Brixen 1743, S. 1–8, hier S. 2.
98. LEO CUNIBERG MOHLBERG, Katalog der Handschriften der Zentralbibliothek Zürich I: Mittelalterliche Handschriften, Zürich 1952, S. 41; Texts and Transmission. A survey of the Latin Classics, hrsg. von LEIGHTON D. REYNOLDS, Oxford 1983, S. 24–25, 332–334, 425–427. JEAN COUSIN, Recherches sur Quintilien. Manuscrits et éditions, Paris 1975, S. 50–70, hier S. 55–58, lässt die Frage offen, ob der in St. Gallen gefundene Quintilian der Handschrift Zürich, ZB, Ms. C 74a, entspricht oder nicht. Für diese Handschrift plädiert MICHAEL WINTERBOTTOM, Fifteenth-Century Manuscripts of Quintilian, in: The Classical Quaterly 41 (1967), S. 339–369, hier S. 365–366.
99. Brief von Enea Silvio Piccolomini an Gregor von Heimburg (31. Januar 1449) gemäss Der Briefwechsel des Eneas Silvius Piccolomini, hrsg. von RUDOLF WOLKAN, 2. Abt., Wien 1912, S. 79–81; LENZ, Reichsabtei (Anm. 85), S. 491. Vgl. JOHANNES HELMRATH, Vestigia Aeneae imitari. Enea Silvio Piccolomini als ‹Apostel› des Humanismus. Formen und Wege seiner Diffusion, in: DERS., Wege des Humanismus (Anm. 87), S. 73–113, zur Handschriftensuche (ohne St. Gallen) vgl. S. 83, 96–97.
100. LENZ, Reichsabtei (Anm. 85), S. 271, 281.
101. BERNHARD HERTENSTEIN, Joachim von Watt (Vadianus), Bartholomäus Schobinger, Melchior Goldast. Die Beschäftigung mit dem Althochdeutschen von St. Gallen in Humanismus und Frühbarock, Berlin 1975, S. 35–39; GAMPER, Doctor von Watt (Anm. 97), S. 184–191; RUDOLF GAMPER, Gallus ohne Nimbus. Vadian erforscht den historischen Gallus, in: Gallus und seine Zeit: Leben, Wirken, Nachleben, hrsg. von FRANZISKA SCHNOOR, KARL SCHMUKI, ERNST TREMP, PETER ERHART und JAKOB KURATLI, St. Gallen 2015, S. 387–405, hier S. 391–392, 398–399 mit Abb. 3–4.
102. PHILIPP LENZ, Die Wiederbelebung der Gallusverehrung im Kloster St. Gallen im 15. Jahrhundert, in: Gallus und seine Zeit (Anm. 101), S. 365–386; LENZ, Marienverehrung (Anm. 93), Kapitel 2.
103. Dies geht aus dem Bücherkatalog (Bibeln zuerst, klassische Literatur zuletzt), dem Bildungskanon der Klosterschule, der Baukunst und der Schrift hervor. LENZ, Reichsabtei (Anm. 85), S. 270–271, 476, 503.
104. PHILIPP LENZ, «nüwe bücher»: Bucherwerbungen unter dem Pfleger und Abt Ulrich Rösch, in: Schatz-

kammer Stiftsarchiv St. Gallen. Miscellanea Lorenz Hollenstein, hrsg. von PETER ERHART, Dietikon-Zürich 2009, S. 57–61; PHILIPP LENZ, Eine unbekannte Quelle zur Benutzungsgeschichte der Bibliothek des Klosters St. Gallen im ausgehenden 15. Jahrhundert, in: Schaukasten Stiftsbibliothek (Anm. 12), S. 178–183; LENZ, Reichsabtei (Anm. 85), S. 450–503; KARL SCHMUKI, Die Inkunabelsammlung der Stiftsbibliothek, in: Advent des Buchdrucks. Die Wiegendrucke der Stiftsbibliothek St. Gallen, St. Gallen 2015, S. 8–25, hier S. 9–11.

105. Zum Büchererwerb von 1699 vgl. etwa Cod. Sang. 985, S. 7. Auch die Handschriften Cod. Sang. 944 und 955 kamen damals aus dem 1663 aufgehobenen Klarissenkloster St. Klara in Freiburg nach St. Gallen. Zum Erwerb von Cod. Sang. 617: Der St. Galler Mönch Placidus Lieber hatte die Handschrift aus der zum sanktgallischen Besitz gehörenden Burg Haldenberg in der Nähe von Wangen im Allgäu erworben und diese 1739 der Klosterbibliothek übergeben (Cod. Sang. 617, S. 894; auch RUDOLF HENGGELER, Professbuch der fürstlichen Benediktinerabtei der Heiligen Gallus und Otmar zu St. Gallen, Zug 1929, S. 367–368).

106. Vor allem die drei während je über zwanzig Jahren regierenden Fürstäbte Joseph von Rudolphi (1717–1740), Cölestin Gugger von Staudach (1740–1767) und Beda Angehrn (1767–1796). Umständehalber (Flüchtung der Bücher ab 1797; Säkularisierung des Klosters 1805) konnte Fürstabt Pankraz Vorster (1796–1829) kaum mehr etwas zur Vergrösserung der Bibliothek beitragen.

107. Vgl. Bern, Burgerbibliothek, Ms. Mülinen 18, S. 605: Beschreibung von 1745.

108. Ein weiterer Stein präsentiert das Werkzeichen und das Wappen des unbekannten Werkmeisters, während die drei letzten Steine die Fürstabtei und den neuen Bibliotheksbau in die Geschichte von damals einordnen. Der erste zeigt das Reichswappen mit dem Doppeladler: Die Fürstabtei war damals nicht nur zugewandter Ort der Eidgenossenschaft, sondern auch Teil des Römischen Reichs deutscher Nation. Auf dem zweiten Stein ist das (damals noch) dreiteilige Wappen der Abtei St. Gallen gemeisselt, mit dem Bären als Wappentier des Klosters, der Dogge als Wappen des Toggenburgs sowie dem Hahn, der das Familienwappen der Blarer von Wartensee ziert. Eine Inschrift auf einem weiteren Stein hält schliesslich Auftraggeber und Baudatum 1552 fest.

109. Zur Grundsteinlegung von 1551 vgl. ALOISIUS SCHEIWILER, Feierliche Grundsteinlegung der st. gallischen Stiftsbibliothek nach der Glaubensspaltung, in: Zeitschrift für Schweizerische Kirchengeschichte 14 (1920), S. 56–61; JOHANNES DUFT, Ein Gedenktag der Stiftsbibliothek, in: Die Ostschweiz 1951, Nr. 356; PETER OCHSENBEIN und KARL SCHMUKI, Glehrte Leüt und herrliche Librey. Die St. Galler Klosterbibliothek nach der Glaubenstrennung 1532–1630, Ausstellungskatalog Stiftsbibliothek 1992/93, S. 9–13.

110. Die Baugrube war also gut drei Meter tief; die Mauern der Bibliothek waren sieben Fuss dick (über zwei Meter).

111. Neben der Beschreibung der Grundsteinlegung enthält die Handschrift auch Abschriften von Zulassungsscheinen für St. Galler Mönche zur Seelsorge auf dem Gebiet des Bistums Konstanz (für die Jahre 1551 bis 1571) sowie eine Schilderung von Herstellung und Transport eines heute verlorenen grossen silbernen Altarkreuzes für das Gallusmünster von 1553.

112. Zu Hauntinger vgl. JOHANNES DUFT, Johann Nepomuk Hauntinger, der Mehrer und Retter der Bibliothek, in: DERS., Die Abtei St. Gallen, Bd. 3: Beiträge zum Barockzeitalter, Sigmaringen 1994, S. 174–182, hier S. 178–179.

113. Es dürften um achtzig Codices gewesen sein. Die Zahl 81 ergibt sich gemäss der Zählung von Hauntinger in Cod. Sang. 1285, S. 11–13. Die Bücher stammten vor allem aus den Frauenkonventen von Altstätten, St. Georgen bei St. Gallen, Wil und Wonnenstein.

114. Dazu vor allem JOHANNES DUFT, Die Tschudi-Handschriften in der Stiftsbibliothek St. Gallen, in: DERS., Die Abtei St. Gallen. Bd. 1: Beiträge zur Erforschung ihrer Manuskripte, Sigmaringen 1990, S. 165–175; PETER OCHSENBEIN und KARL SCHMUKI, Bibliophiles Sammeln und historisches Forschen. Der Schweizer Polyhistor Aegidius Tschudi und sein Nachlass in der Stiftsbibliothek St. Gallen. Ausstellungskatalog Stiftsbibliothek 1990/91, St. Gallen 1991, bes. S. 19–23.

115. St. Gallen, Stiftsbibliothek, Cod. Sang. 1090.

116. Sein Nachfolger als Münsterprediger, P. Heinrich Keller, schrieb bei der Mitteilung über den Tod von P. Johannes Hess 1545 in seinem Tagebuch (Cod. Sang. 1263, S. 1): *... auch hinder im verlassen vil nutzlicher buocher ...*

117. Eine genaue Datierung dieser «Zügelaktion» vom Hartmut-Turm in die Renaissance-Bibliothek lässt sich wegen des Fehlens von entsprechenden Quellen nicht angeben.

118. Dabei handelte es sich vor allem um medizinische und veterinärmedizinische Literatur.

119. Zu den bedeutenden Erwerbungen von Drucken im ausgehenden 18. Jahrhundert vgl. HANSPETER MARTI, Klosterkultur und Aufklärung in der Fürstabtei St. Gallen, St. Gallen 2003, bes. S. 124–130. Im Jahr 1790 kaufte das Kloster mit einem Teil des Nachlasses von Johann Reinhard Wegelin († 1764), einem Juristen aus Lindau, auch grössere Bestände an juristischer Literatur an.

120. Zur Geschichte der Sammlung der gedruckten Bücher der Bibliothek vom 15. bis zum 19. Jahrhundert vgl. ausführlich KARL SCHMUKI und SILVIO FRIGG, Stiftsbibliothek St. Gallen, in: Handbuch der Historischen Buchbestände in der Schweiz, bearbeitet von URS LEU, Bd. 3, Zürich 2011, S. 211–245.

121. St. Gallen, Stiftsarchiv, Bd. 879, fol. 37v.

122. Zu Hans Heinrich Wägmann vgl. Historisches Lexikon der Schweiz, Bd. 13, Basel 2014, S. 145.

123. Vgl. dazu Hans Heinrich Wägmann als Zeichner. Ein Beitrag zur Zeichenkunst und Malerei von Wägmann bis Storer, in: Jahresbericht und Jahrbuch des Schweizerischen Institutes für Kunstwissenschaft 1966, S. 108–152, hier S. 108 und S. 120.

124. So musste sich 1762 der Präfekt des Vatikanischen Archivs, der Historiker und spätere Kardinal Giuseppe Garampi, ins Kloster Mariaberg nach Rorschach begeben, um Manuskripte zu konsultieren. Vgl. dazu URBAN FINK, Giuseppe Garampi und die Schweiz

1762–1792, ungedruckte Lizentiatsarbeit Universität Freiburg/CH, o.O. 1990, S. 44–51. Fink beruft sich dabei auf die Edition von GREGORIO PALMIERI (Hrsg.), Diario del Cardinale Giuseppe Garampi, Viaggio in Germania, Baviera, Svizzera, Olanda e Francia compiuto negli anni 1761–1763, Rom 1889, S. 58 *(Da san Gallo passammo a Rosacco per osservare la biblioteca dei codici, qui conservati finchè sia ridotta a termine la nuova fabbrica del monastero).*

125. Zum gesamten Kulturgüterstreit ausführlicher KARL SCHMUKI in der historischen Einführung im Katalog zur Sonderausstellung 2006/07 in der Stiftsbibliothek: Von der Limmat zurück an die Steinach. St. Galler Kulturgüter in Zürich. Ausstellungskatalog Stiftsbibliothek St. Gallen 2006/07, St. Gallen 2006, S. 9–14.

126. ANTON VON EUW, Die St. Galler Buchkunst vom 8. bis zum Ende des 11. Jahrhunderts, 2 Bde., St. Gallen 2008, hier Bd. 1, S. 167–169 und S. 431–433.

127. Vgl. den Lexikonartikel in: Der neue Pauly. Enzyklopädie der Antike, Bd. 11, Stuttgart 2001, Sp. 925–928.

128. JOHANN WOLFGANG VON GOETHE, Tagebücher. Historisch-kritische Ausgabe, Bd. 5/2 (1813–1816), hrsg. von WOLFGANG ALBRECHT, Stuttgart 2007, S. 524–526.

129. MOHLBERG, Katalog Zürich (Anm. 98), S. 34–35.

130. Vergleichbare fiktive Grabinschriften, allerdings von wesentlich besserer Qualität, sind aus den ersten zwei Dritteln des 17. Jahrhunderts in Cod. Sang. 1447 überliefert. Diese beziehen sich in lateinischen Distichen sowohl auf das Leben und Wirken der Äbte des Gallusklosters von Gallus († um 640) bis Pius Reher († 1654) wie auch vor allem auf jenes von siebzig Mönchen des 17. Jahrhunderts. Als Autor wird Pater Chrysostomus Stipplin vermutet. Vgl. dazu KARL SCHMUKI, Epitaphia, Inscriptiones und Castra doloris. Formen des Totengedenkens im barocken Kloster St. Gallen, in: Bücher des Lebens – Lebendige Bücher, hrsg. von PETER ERHART und JAKOB KURATLI HÜEBLIN, St. Gallen 2010, S. 249–258, bes. S. 249–254.

131. Dazu vor allem VICTOR BUNER, Offizial Johann Georg Schenkli 1654–1728. Der st. gallische Klosterstaat im Spannungsfeld Zürich-Bernischer Politik während des äbtischen Exils 1712–1718, Rorschach 1974.

132. Zum *Palatium felicitatis* vgl. vor allem JOHANNES DUFT, «Sanct Gallischer Baumeister». Zur Architektur-Theorie von P. Gabriel Hecht anno 1726, in: Restauration und Renovation im Kirchenbau. Festschrift für Architekt Hans Burkard, Gossau 1965, S. 83–93, hier S. 91–93. Duft charakterisiert das Palatium in seinem Aufsatz als eine «Zukunftsschau» mit einer Fülle «teils eher naiver, grösstenteils aber modern anmutender Vorschläge» und nennt P. Gabriel Hecht einen «Weltverbesserer». Weiter dazu auch WERNER VOGLER und MARTIN GUBLER, Der St. Galler Stiftsbezirk in den Plänen von P. Gabriel Hecht 1720–1726, Rorschach 1986, S. 40–43. Auch ADOLF FÄH, Die Baugeschichte der Stiftsbibliothek zu St. Gallen, Zürich 1900, S. 6–10.

133. Als Bauherr des Klosters St. Gallen zeichnete P. Gabriel Hecht zahlreiche Skizzen und Pläne, die meist in die Zukunft vorausblicken, teilweise aber auch den Ist-Zustand wiedergeben. In die Realität umgesetzt wurde jedoch keine seiner Zeichnungen. Zu Hechts vielfältigem Lebenswerk vgl. das Buch von WERNER VOGLER und MARTIN GUBLER (Anm. 132).

134. Dem ausführlichen Abschnitt über die Bibliothek schliessen sich die wesentlich kürzeren Ausführungen über das *Antiquarium* (Kunstkammer) und das Klosterarchiv an (vgl. Abbildung).

135. Generell zu klösterlichen Sammlungen der Barockzeit vgl. GEORG SCHROTT, Klösterliche Sammelpraxis in der Frühen Neuzeit. Typologie, Geschichte, Funktionen und Deutungen, in: DERS. und MANFRED KNEDLIK, Klösterliche Sammelpraxis in der Frühen Neuzeit, Nordhausen 2010, S. 7–71. Zur Geschichte der St. Galler Kuriositätensammlung vgl. Ein Tempel der Musen. Die Klosterbibliothek von St. Gallen in der Barockzeit. Ausstellungskatalog Stiftsbibliothek 1995/96, St. Gallen 1996, S. 40–51; KARL SCHMUKI, Das Naturalienkabinett entsprach meiner Erwartung bey solch einem berühmten Stifte nicht ganz … Das Raritäten- und Kuriositätenkabinett der barocken Klosterbibliothek von St. Gallen, in: SCHROTT/KNEDLIK, Klösterliche Sammelpraxis (wie oben), S. 183–220.

136. Zu den Gegenständen aus türkischem Besitz vgl. St. Gallen, Stiftsbibliothek, Cod. Sang. 1280, S. 136–139. Erwähnung finden einige dieser Gegenstände etwa bei Augustin Calmet: AUGUSTIN CALMET, Diarium Helveticum, Einsiedeln 1756, S. 57–80.

137. CALMET, Diarium Helveticum (Anm. 136), S. 77–78.

138. SCHMUKI, Raritäten- und Kuriositätenkabinett (Anm. 135), S. 196–199.

139. Die Erwerbungen fürs Kuriositätenkabinett der St. Galler Stiftsbibliothek in jenen Jahren hat Bibliothekar Hauntinger in Cod. Sang. 1285 auf den Seiten 227–242 zusammengestellt.

140. St. Gallen, Stiftsbibliothek, Cod. Sang. 1816, S. 87.

141. St. Gallen, Stiftsbibliothek, Cod. Sang. 1724, Nrn. 84 und 85. Auch Bibliotheksarchiv der Stiftsbibliothek St. Gallen, undatiertes (zwischen 1836 und 1841 entstandenes) Konvolut mit einem Verzeichnis der *Sachen von Wert, die sich auf der Kantonalbibliothek befinden.* An der Schule waren die Mineralien, Muscheln, Conchylien etc. im 19. und bis weit ins 20. Jahrhundert hinein begehrte Demonstrations- und Präsentationsobjekte. Nach und nach wurden sie nicht mehr gebraucht. Heute sind noch kleinere Teile dieser 1836 an die Schule abgetretenen Naturaliensammlung erhalten.

142. Einige der Objekte der Kuriositätensammlung werden beschrieben von ERWIN POESCHEL, Die Kunstdenkmäler des Kantons St. Gallen, Bd. 3: Die Stadt St. Gallen: Zweiter Teil: Das Stift, Basel 1961, S. 344–368.

143. POESCHEL, Kunstdenkmäler (Anm. 142), S. 356.

144. POESCHEL, Kunstdenkmäler (Anm. 142), S. 354–356.

145. St. Gallen, Stiftsarchiv, Band 272B, S. 759; Eintrag vom 3.11.1738.

146. Es dürfte sich dabei wohl um Johann Georg Sulzer gehandelt haben: Vgl. GOTTLIEB EMANUEL VON HALLER, Bibliothek der Schweizer-Geschichte, Bd. 4: Münzgeschichte, Bern 1785, S. 97.

147. SCHMUKI, Raritäten- und Kuriositätenkabinett (wie Anm. 135), S. 196–199.

148. Vgl. dazu etwa Cod. Sang. 1280, S. 141–150 und Cod. Sang. 1285, S. 247–252, bes. S. 250.

149. Zwischen 1791 und 1794 schufen junge St. Galler Mönche mehrere in qualitätvolle Einband gehüllte Münz- und Medaillenverzeichnisse, die sie ihren Vorgesetzten zu widmen pflegten. Vor allem der junge Pater Anselm Caspar (1768–1829) zeichnete sich als Münzkatalogisator aus. Die Bände sind (als Cod. Sang. 1487–1497) in der Handschriftensammlung erhalten. Die meisten Münzbeschreibungen von 1791/94 wurden im 20. Jahrhundert mit Bleistift mit den aktuellen Standortsignaturen versehen.

150. Vgl. dazu das Typoskript von JOSEF SAGER, Hosenruck TG, von 1941 im Münz- und Medaillenkabinett.

151. In Cod. Sang. 1280 ist der Eingang des Biretts in die Bibliothek zweimal erwähnt, auf S. 162 liest sich: *Pileolus sacerdotalis sive Biretum vulgo dictu pirgameno confectum artificiosissime delineatum a converso nostro Gabriele [Bruder Gabriel Loser], ad elegantiam depictum a R. P. Gabriele Hecht, ad stuporem scriptum a R. P. Dominico Feustle, ad omnem artem poeticam compositum a R. P. Pio Kolb* ... Der Eintrag auf S. 145 ist anders formuliert: ... *Biretum versibus et picturis ornatum et a fratribus junioribus Illustrissimo oblatum quod invenit R. P. Pius Kolb, scripsit R. Fr. Dominicus Feustlin, pinxit R. P. Gabriel Hecht.*

152. Zu den Patres Pius Kolb, Dominicus Feustlin und Gabriel Hecht vgl. HENGGELER, Professbuch (Anm. 105), S. 382–383 (Kolb), S. 385–386 (Feustlin; er kalligraphierte später auch diverse liturgische Handschriften, nämlich die Cod. Sang. 1762, 1763, 1764 und 1975), S. 345–346 (Hecht) und Loser (S. 385). Zu Hecht auch VOGLER/GUBLER, Der St. Galler Stiftsbezirk (Anm. 132); zu Kolb auch JOHANNES DUFT, Pater Pius Kolb, der Stiftsbibliothekar, in: DERS., Die Abtei St. Gallen, Bd. 3: Beiträge zum Barockzeitalter, Sigmaringen 1994, S. 165–173. Zu Bruder Gabriel Loser vgl. JOHANNES DUFT, Klosterbruder Gabriel Loser. Sein Anteil an den Barockbauten des Stiftes Sankt Gallen, St. Gallen/Sigmaringen 1985. Die Mitarbeit von Gabriel Loser am zeichnerischen Entwurf des Biretts war bisher nicht bekannt.

153. Die Jahreszahl 1737 ergibt sich, wenn man jene Buchstaben, die auch römische Ziffern sind, aneinandergereiht und addiert. In der deutschen Übersetzung lautet der Text des Chronogramms: «Diese Pfeifen und das lebendige Orgelwerk (gemeint ist wohl die gesamte Mechanik mit Tasten, Windladen, Traktur und Registerzügen) liess Joseph, bekannt für seine grosse Frömmigkeit, errichten» (Franziska Schnoor).

154. Zum Besuch von Franz Liszt und Richard Wagner in St. Gallen allgemein vgl. u. a. Denkschrift zur Eröffnung der Tonhalle in St. Gallen, St. Gallen 1909, S. 47–49; JOHANN GEORG HAGMANN, Franz Liszt, Richard Wagner und die St. Galler, in: Schweizerische Lehrerinnen-Zeitung 15. Juni 1913, S. 189–192; MAX FEHR, Richard Wagners Schweizer Zeit, Bd. 2 (1855 bis 1872, 1883), Aarau 1953, S. 65–74; MANFRED SZADROWSKY-BURCKHARDT, Heinrich Szadrowsky 1828–1878, in: Rorschacher Neujahrsblatt 56 (1966), S. 75–86.

155. Wegen einer Unpässlichkeit von Franz Liszt musste das ursprünglich vorgesehene Datum vom 16. November um eine Woche auf den 23. November verschoben werden. Überdies wurde auf Wunsch der beiden Komponisten das geplante Programm ganz kurzfristig abgeändert. Vgl. die Mitteilungen in der Tagespresse, etwa in: Neues Tagblatt aus der östlichen Schweiz, 14.11.1856 bis 22.11.1856.

156. Vorher hatte Wagner übrigens Heinrich Szadrowsky brieflich Tipps fürs Konzert gegeben, wie man beispielsweise so kurzfristig die Qualität des Orchesters verbessern könne oder dass er zur Verstärkung der Zahl der Streichinstrumente Musiker aus Zürich beiziehen solle. Vgl. SZADROWSKY-BURCKHARDT, Heinrich Szadrowsky (Anm. 154), S. 77.

157. *Fräulein Stehle* sang Arien aus den Gluck-Opern Armida und Iphigenie in Aulis.

158. FEHR, Wagners Schweizer Zeit (Anm. 154), S. 68.

159. Nach Konzertende fuhr abends gar ein Extrazug von St. Gallen nach Winterthur.

160. Zu den Aktivitäten der dem Konzert folgenden Tage vgl. etwa FEHR, Wagners Schweizer Zeit (Anm. 154), S. 71–74, oder St. Galler Tagblatt, 24. bis 27. November 1856.

161. Handbuch der Historischen Buchbestände in Deutschland, Bd. 8: Baden-Württemberg und Saarland, 2. Teil, Hildesheim 1994, S. 284.

162. HERZOG CARL EUGEN VON WÜRTTEMBERG, Tagbücher seiner Rayßen, hrsg. von ROBERT UHLAND, Tübingen 1968, S. 281. Bemerkung im Tagebuch von Abt Beda Angehrn (St. Gallen, Stiftsarchiv, Bd. 284, S. 422): *Er ist allein wegen dem Stifft St. Gallen anhero gereiset, selbiges und seine Merckhwürdigkeiten zu sehen.*

163. St. Gallen, Stiftsarchiv, Bd. 284 (Tagebuch Abt Beda), S. 418–421.

164. Über eine Stunde lang soll sich laut Tagebuch von Abt Beda der Herzog mit den beiden Mönchen unterhalten haben. Im Tagebuch von Herzog Karl Eugen ist dagegen von einer halben Stunde die Rede: CARL EUGEN, Tagbücher (Anm. 162), S. 282.

165. Tagebuch Beda Angehrn: St. Gallen, Stiftsarchiv, Bd. 284, S. 418–423. Der Herzog soll dabei ausser einem *Bröcklein Brot und ... einem halben Gläslein Wein* nichts zu sich genommen haben.

166. CARL EUGEN, Tagbücher (Anm. 162), S. 283.

167. CARL EUGEN, Tagbücher (Anm. 162), S. 283.

168. Tagebuch Beda Angehrn: St. Gallen, Stiftsarchiv, Bd. 284, S. 418–422; CARL EUGEN, Tagbücher (Anm. 162), S. 105–107 (11./12. September 1783).

169. Die beiden Gastgeschenke waren: a) [BENEDIKT MARIA LEONHARD VON WERKMEISTER], Gesangbuch nebst angehängten öffentlichen Gebethen zum Gebrauche der Herzogl. Wirtembergischen katholischen Hofkapelle, Stuttgart 1786; [BENEDIKT MARIA LEONHARD VON WERKMEISTER] Gottesverehrungen in der Charwoche zum Gebrauche der Herzogl. Wirtembergischen katholischen Hofkapelle, Stuttgart 1786. Beide Werke sind in dem von Johann Nepomuk Hauntinger geführten Akzessionskatalog der Klosterbibliothek verzeichnet (Cod. Sang. 1285, S. 65), sind heute jedoch verschollen.

170. Tagebuch Beda Angehrn: St. Gallen, Stiftsarchiv, Bd. 284, S. 420; CARL EUGEN, Tagbücher (Anm. 162), S. 283.

171. Tagebuch Beda Angehrn: St. Gallen, Stiftsarchiv, Bd. 284, S. 422–423.

172. St. Gallen, Stiftsbibliothek, Cod. Sang. 1816, S. 86.
173. Zu den Papyrusblättern, deren Inhalt und deren Geschichte generell vgl. KARL SCHMUKI, Eine Papyrushandschrift mit Isidors «Synonyma», in: Cimelia Sangallensia. Hundert Kostbarkeiten aus der Stiftsbibliothek St. Gallen, St. Gallen 2000, S. 22–23.
174. Dazu vor allem FRANZ WEIDMANN, Geschichte der Stifts-Bibliothek von St. Gallen seit ihrer Gründung um das Jahr 830 bis auf 1841, St. Gallen 1841, S. 177–198; DUFT, Hauntinger (Anm. 112), S. 174–182; PETER ERHART, Die Odyssee des Stiftsarchivs zwischen 1797 und 1805, in: Fürstabtei St. Gallen – Untergang und Erbe 1805/2005, St. Gallen 2005, S. 99–106; KARL SCHMUKI, Die Schicksale der Klosterbibliothek St. Gallen zwischen 1797 und 1811, in: Fürstabtei St. Gallen – Untergang und Erbe 1805/2005, St. Gallen 2005, S. 99–106.
175. Wie Pater Gerold Brandenberg in seinen *Adversaria* (Cod. Sang. 1412, S. 202–206) erzählt, erschien im Dezember 1800 ein Vertrauter des französischen Generals Jean Josephe Molitor (1770–1849), des dortigen Oberbefehlsinhabers, beim Abt von Füssen und machte diesem heftige Vorwürfe, weil er die sich dort befindlichen St. Galler Bücherschätze bisher vor den französischen Feldherren versteckt habe. Der General hätte Abt Hafner befohlen, dass sämtliche Schränke geöffnet würden, damit er diese von seinen Leuten durchsuchen lassen könne. Der Füssener Abt konnte die Durchsuchung nicht verhindern und entgegnete dem Delegierten des Generals, dass er selbst nicht gedacht habe, dass der General etwas gegen St. Gallen unternehmen werde, weil er nämlich in früheren Aussagen dem Galluskloster gegenüber eine wohlwollende Gesinnung an den Tag gelegt habe. Bei grosser Kälte wurde die Füssener Bibliothek von Franzosen nach St. Galler Handschriften durchsucht. Sie legten eine grössere Zahl von Manuskripten für den Abtransport beiseite. Das Schicksal zahlreicher St. Galler Codices, in französischen (Privat-?)Besitz zu geraten, schien besiegelt, aber unvermutet liess man von der Durchsuchung ab. General Molitor hatte nämlich fernab von Füssen eine andere Aufgabe erhalten und seine Truppen in Bewegung gesetzt. Anderes hatte Priorität, und der Stapel an bereitgelegten Büchern aus St. Gallen blieb unangetastet zurück. Molitor hatte zuvor auch ein offenes Schreiben verfasst, in dem er die sanktgallischen Bestände unter seinen persönlichen Schutz nahm und diese so vor Entwendung durch andere französische Truppenführer und Soldaten sicherte.
176. St. Gallen, Stiftsbibliothek, Cod. Sang. 1413, S. 92.
177. Unter den Drucken im Barocksaal listet das Bücherverzeichnis von 1800 nur rund 80 Inkunabeln auf. Die meisten dieser bis zum Jahr 1500 erschienenen Wiegendrucke waren evakuiert und in Sicherheit gebracht worden. Das Bibliotheksportal war in jenen Jahren versiegelt und die Bücherei für die Öffentlichkeit nicht zugänglich.
178. Es gibt mehrere Hinweise darauf, dass es ältere Verzeichnisse der gedruckten Bücher der Klosterbibliothek gab, aber leider sind diese allesamt verloren.
179. Dass im Frühling 1804 die Rückführung der Bestände nach St. Gallen zustande kam, war auch der Mithilfe von ehemaligen St. Galler Mönchen und Laienbrüdern zu verdanken, die mit der neuen Obrigkeit kooperierten.
180. In seinem Tagebuch vermerkte Abt Pankraz resigniert: *Es ist nicht in meiner Macht, es zu hindern, besonders da selbst einige Religiosen dazu die Hände bieten.* St. Gallen, Stiftsarchiv, Tagebuch Pankraz Vorster, 1. März 1804.
181. Cod. Sang. 1724, Nr. 57.
182. CARL GEORG DÜMGE und FRANZ MONE, Literarische Reise durch einen Theil des vordern Schwabens und der Schweiz, 2. Teil: Constanz und die Schweiz, in: Archiv der Gesellschaft für ältere deutsche Geschichtskunde 1 (1819), S. 226–279 (Zitate S. 237 bzw. S. 246).
183. DICTYS CRETENSIS EPHEMERIDOS belli Troiani libri, hrsg. von WERNER EISENHUT, Leipzig 1973. Zum Codex 197 neu: Late Antique Accounts of the Trojan War: A Comparative Look at the Manuscript Evidence, in: Pecia 17 (2014), S. 149–170, hier S. 167–168.
184. Dazu FRANZ JOSEF WORSTBROCK, Waldram von St. Gallen, in: Die deutsche Literatur des Mittelalters. Verfasserlexikon, Bd. 10, Berlin / New York 1999, Sp. 614–617.
185. Auch für die Gedichte des AVITUS VON VIENNE († 517/519) ist der Text in Cod. Sang. 197 (S. 124–280) ein bedeutender Überlieferungsträger. Den letzten Teil der Handschrift bildet eine zweispaltig angeordnete Abschrift des im Mittelalter im Schulunterricht häufig gelesenen *Carmen paschale* des lateinisch-christlichen Dichters Sedulius aus dem 9. Jahrhundert. Die Abschrift in Cod. Sang. 197 gehört zu den 15 wichtigsten Überlieferungsträgern. Die hexametrische Dichtung des Sedulius (er lebte im 5. Jahrhundert) ist in beinahe 150 mittelalterlichen Abschriften überliefert; allein aus dem Kloster St. Gallen sind fünf Handschriften erhalten.
186. Dazu St. Gallen, Stiftsbibliothek, Protokoll der Stiftsbibliothekskommission vom 6.7.1885. Bibliothekar Idtensohn lieferte zu jeder Handschrift summarische Inhaltsangaben und kurze Beschreibungen. Die «International Inventions Exhibition», die während ihrer gesamten Dauer von 3,75 Millionen Gästen besucht wurde, hatte da schon längst, am 4. Mai 1885, begonnen. Das erste Schreiben nach St. Gallen (adressiert an The Abbot, St. Gallen Monastery, St. Gallen) war offenbar einige Zeit beim St. Galler Bischof Augustinus Egger liegen geblieben. Vgl. auch Bibliothekskorrespondenz der Stiftsbibliothek St. Gallen aus den Jahren 1885 bis 1888.
187. St. Gallen, Stiftsbibliothek, Protokoll der Stiftsbibliothekskommission vom 1.12.1885 und 29.12.1885. So jedenfalls die Mutmassungen von Stiftsbibliothekar und Kommission.
188. Der Katholische Administrationsrat und die Stiftsbibliothekskommission beschäftigten sich in ihren Sitzungen mehrere Male mit den Beschädigungen, und neben Bibliothekar Idtensohn und Bezirksammann Johann Ulrich Hafner hatten auch Fachleute wie Kan-tonschemiker Gottwald Ambühl (1850–1923) und Handschriftenkatalogisator Gustav Scherrer (1816–1892) Gutachten und Expertisen über den Zustand der zurückgekehrten Manuskripte erstellt.
189. Signatur in der Stiftsbibliothek: Vitrine Mitte links Kasten III 1–4. Das Werk traf am 29. April 1888 in der

Stiftsbibliothek ein. Als Folge dieser Beschädigungen wurde Bibliothekar Idtensohn beauftragt, eine Liste derjenigen Bücher zu erstellen, die nicht ausser Haus gegeben oder verschickt werden sollten (Protokoll der Stiftsbibliothekskommission vom 29.7.1886). Die Liste lag Ende 1886 vor und umfasste 90 Handschriften und 12 Inkunabeln. Sie ist im Jahresbericht der Bibliothek für 1886 im genannten Protokoll der Stiftsbibliotheks-kommission auf den Seiten 293–294 enthalten. Zur Bedeutung von Cod. Sang. 484 vgl. Stiftsbibliothek St. Gallen Codices 484 & 381, kommentiert und im Faksimile hrsg. von WULF ARLT und SUSAN RANKIN, 3 Bde., Winterthur 1996, hier bes. Bd. 1; FRANZISKA SCHNOOR, Ein kleinformatiges Tropar mit einer Sammlung von Sequenzmelodien, in: Musik im Kloster St. Gallen. Ausstellungskatalog Stiftsbibliothek St. Gallen 2010/11, St. Gallen 2010, S. 29 und S. 36–37.

190. Aloisius Scheiwiler, ein guter Kenner der Klostergeschichte, war von 1930 bis 1938 Bischof von St. Gallen.

191. Vgl. dazu VON SCARPATETTI, Handschriften 1726–1984 (Anm. 40), S. 109*; Advent des Buchdrucks (Anm. 104), S. 25.

192. VON SCARPATETTI, Handschriften 1726–1984 (Anm. 40), S. 108*–109*.

193. Das in der Stadt St. Gallen gelegene Dominikanerinnenkloster St. Katharina wurde im Gefolge der Reformation nach langem Ringen zwischen der reformierten Stadt und den am alten Glauben festhaltenden Nonnen 1555 geschlossen. Drei Schwestern siedelten in eine Klause auf dem Nollenberg über, bevor 1601 der Grundstein zum neuen Dominikanerinnenkloster Wil gelegt werden konnte. Zur wechselvollen Geschichte des Dominikanerinnenklosters vgl. Helvetia Sacra, Abt. IV: Die Orden mit Augustinerregel, Bd. 5/II: Die Dominikaner und Dominikanerinnen in der Schweiz, Basel 1999: Art. St. Gallen, S. 738–779 (MAGDALEN BLESS-GRABHER), Art. Nollenberg, S. 724–737 (MAGDALEN BLESS-GRABHER), Art. Wil, St. Katharina, S. 986–1005 (CORNEL DORA).

194. KURT RUH, Bonaventura deutsch. Ein Beitrag zur deutschen Franziskaner-Mystik und -scholastik, Bern 1956, S. 254–257, bes. S. 157: *Encheiridion asceticum*. Ein Encheiridion ist eine Art von Leitfaden oder Handbuch.

195. Typoskript in Ordner «Zur Handschriftenkatalogisierung» in der Stiftsbibliothek. Zu Cod. Sang. 1859: Brief Kurt Ruh von 1952.

196. Vgl. CORNEL DORA, Von Uto bis Ernst Tremp (Anm. 12), S. 94–97.

Register der Handschriften, Drucke und Objekte

Abbildungsnachweis

Domschatz St. Gallen: 98–99
Stiftsarchiv St. Gallen: 90
Zentralbibliothek Zürich: 65, 84, 87, 88

Alle weiteren Abbildungen

Stiftsbibliothek St. Gallen